SOFIA TSAKIRIDOU

Simply Sofia

Meine Rezepte für einen gesunden und glücklichen Lebensstil

Inhalt

Vorwort

Eine neue Reise beginnt

Auf mein erstes Buch habe ich so viel tolles Feedback von euch bekommen. Es war unglaublich für mich zu sehen, welche Eigendynamik das Buch angenommen hat. Zu sehen, dass es so vielen von euch dabei geholfen hat, euer Leben gesünder, aber vor allem glücklicher zu gestalten, ist für mich etwas ganz Besonderes. Dass ihr mich an eurem Weg teilhaben lasst, macht mich glücklich und stolz, denn so ist das Buch auch ein stetiges Geben und Nehmen, ein Austausch zwischen euch und mir.

Und genau deswegen möchte ich nun auch meinen weiteren Weg mit euch teilen.

Seit meinem letzten Buch habe ich mich persönlich noch mehr weiterentwickeln können, habe viele tolle neue Menschen und Orte in anderen Ländern kennenlernen dürfen, bevor es dann, bedingt durch COVID-19, für lange Zeit nach Hause ging.

Ich konnte meine kulinarische Reise nach der Veröffentlichung meines ersten Buchs machen, ohne nur einen einzigen Schritt vor die Haustür zu setzen. Während der vielen Zeit, die wir zu Hause verbringen mussten, hatte ich die Möglichkeit, neue Rezepte zu entwickeln und auszuprobieren. Ich habe versucht, die viele Zeit, die vielen Abende, die man sonst öfter mit Freunden im Restaurant verbringt, für mich positiv zu gestalten, indem ich zu Hause kochte und in der Zeit, in der die Regelungen etwas lockerer wurden, auch mal für Freunde neue Gerichte ausprobierte. So hat es sich sehr bald gar nicht mehr danach angefühlt, dass ich zu Hause bleiben „muss", sondern ich konnte es als eine neue Chance für mich sehen. Zeit, um mich auf mich selbst zu fokussieren, da viele äußere Einflüsse weggefallen sind, und natürlich Zeit, um mein neues Buch für euch zu planen. Was möchte ich an euch weitergeben? Welche Rezepte kann ich für euch kreieren?

Neben dem Kochen hatte ich auch Zeit zu reflektieren und wahrzunehmen, wie ich mich in meinen eigenen vier Wänden fühle. Wie ist mein Gemütszustand, was sind meine Routinen, was kann ich über meinen Eigenantrieb lernen?

Ich freue mich sehr, euch über dieses zweite Buch und vor allem darüber, meine Gedanken erneut mit euch zu teilen, euch wieder inspirieren zu dürfen und neue, fantastische Rezeptideen vorzustellen, die diesmal komplett vegan sind.

Sofia Tsalikidou

Meine Reise

Unser Leben ist eine fortwährende Reise, auf der wir immer wieder auf bereichernde und neue Wendungen und Biegungen treffen

In meinem ersten Buch habe ich begonnen, euch meine Geschichte zu erzählen. Eine Geschichte darüber, wie ich, damals noch sehr jung, in einen sehr fordernden Beruf, das Modeln, hineinwachsen und meinen Weg in der für mich neuen Social-Media-Welt finden musste. Eine Vielzahl von Dingen ist damals von außen auf mich eingeprasselt. Aber ich wollte mich und meinen eigenen Weg nicht verlieren und so habe ich mich immer intensiver mit Yoga, Meditation, aber vor allem auch mit meiner Ernährung auseinandergesetzt. All diese Aspekte haben mir dabei geholfen, wirklich glücklich und zufrieden zu werden. Umso schöner, dass ich dies mit euch teilen konnte.

Über ein Jahr liegt die Veröffentlichung meines ersten Buchs nun schon zurück. Seitdem hatte ich die Möglichkeit, einmal komplett die Stopp-Taste zu drücken und einen rigorosen Tapetenwechsel zu meinem Leben der letzten Jahre in Deutschland zu schaffen. Dazu gehörte auch, mal „offline" zu sein, eine Seltenheit und eine Besonderheit für mich, denn schließlich bestreite ich einen großen Teil meiner Arbeit in der digitalen Welt.

Ein wichtiger Bestandteil meines Stopps war meine Reise nach Zentralamerika. Für sechs Wochen ging ich nach Guatemala, um dort eine professionelle Yoga-Ausbildung zu absolvieren, aber auch, um mir danach genügend Zeit zu nehmen, das Land und seine Leute richtig kennenzulernen, mich inspirieren zu lassen, eine komplett andere Lebensart zu sehen und vor allem diese mitzuerleben. Anschließend ging es für mich nach Costa Rica, wo ich neben einem Leben in der blühendsten Natur an tropischen Stränden ein Stück weiter weg von unserer schnelllebigen Konsumgesellschaft treten und mich von dem einfachen, aber sehr achtsamen Leben dort inspirieren lassen konnte.

Ich hatte schon in den letzten Jahren immer wieder darüber nachgedacht, eine professionelle Yoga-Ausbildung zu beginnen, um mich einerseits noch intensiver mit der Thematik auseinanderzusetzen und um andererseits die Möglichkeit zu erhalten, meine Passion weitergeben zu können. Anfang 2019 wurde dieser Wunsch noch stärker, denn ich habe zwei Monate in Sydney verbracht und dort

täglich Yoga mit ganz besonders inspirierenden Lehrern praktiziert. Zusätzlich bin ich danach auf Bali in einem sogenannten Yoga-Retreat gewesen und auch bei meinem darauffolgenden beruflich bedingten zweimonatigen Aufenthalt in London habe ich täglich Yoga praktiziert. Dieser lange Zeitraum, in dem ich mich intensiver mit Yoga auseinandergesetzt habe als jemals zuvor, hat mich in meinem Wunsch bestätigt: Ich möchte durch eine professionelle Ausbildung mein Wissen über Yoga vertiefen, eine Regelmäßigkeit etablieren und vor allem die Gelegenheit nutzen, noch tiefer in die Philosophie, die hinter Yoga steht, einzutauchen.

Auf die Möglichkeit der Ausbildung in Guatemala bin ich über eine meiner besten Freundinnen aufmerksam geworden, und so haben wir diese gemeinsam absolviert. Ich habe mich sehr darüber gefreut, dass wir die Ausbildung in Lateinamerika machen konnten, denn es ist ein Teil der Welt, der mich schon immer magisch angezogen hat. Ausschlaggebend für diese Anziehungskraft ist sicherlich die abwechslungsreiche und besondere Natur dieser Länder sowie die Spiritualität der

dort lebenden Menschen. Allein die Vorstellung, in dieser Umgebung für einen längeren Zeitraum zu leben, hat eine große Faszination auf mich ausgeübt.

Und die Realität sollte meinen Vorstellungen in keinster Weise nachstehen, ich habe jede Sekunde vor Ort genossen.

Auch kulinarisch hat mich Guatemala sehr inspiriert, denn dort habe ich mich für eine komplett vegane Ausbildung angemeldet und mich somit in diesen Wochen zum ersten Mal über einen langen Zeitraum ausschließlich ohne tierische Produkte ernährt. Das Essen kam aus der zugehörigen Permakulturfarm (der Gegensatz zur klassischen industriellen Landwirtschaft) und wurde täglich frisch geerntet und für uns zubereitet – ein Gaumenschmaus und so frisch und energiegebend, dass ich seitdem fast ausschließlich bei veganer Ernährung geblieben bin.

In Guatemala gibt es keine Shoppingmalls, keine großen Geschäfte und man wird nicht an jeder Ecke mit dem nächsten Werbeplakat konfrontiert. Die Menschen dort haben

ihr Smartphone weit weniger oft vor der Nase als wir, verbringen viel weniger Zeit bei Instagram und Co. Sie führen ein anderes Leben, viel einfacher und langsamer. Aber sie scheinen dennoch sehr viel zufriedener mit ihrem Leben zu sein als wir hier im vergleichsweise hektischen Deutschland.

Wenn es draußen so viel weniger laut ist, bleibt mehr Zeit dafür, sich auf sich selbst zu fokussieren, sich mit sich selbst auseinanderzusetzen. Das habe ich früh realisiert – und es hatte große Auswirkungen auf mich. Statt des morgendlichen Blicks auf mein Handy habe ich die Sonnenaufgänge über dem Lago de Atitlán genossen – das waren unglaubliche, unvergessliche Naturspektakel. Den Tag zu beginnen umgeben von der reinen Natur, hat erdend auf mich gewirkt, hat mir meinen Platz auf dieser Welt gezeigt.

Für diese Zeit und für die Möglichkeit, eine andere Welt und eine andere Art zu leben kennenzulernen, bin ich sehr dankbar, denn sie haben mich wieder ein weiteres Stück zu mir selbst gebracht.

Gleichzeitig lässt es mich, wieder zurück in Deutschland, aber auch viele Fragen stellen: Haben wir vielleicht den falschen Fokus? Sind wir zu sehr abhängig von Materialismus und Konsum? Was macht uns wirklich glücklich? Was macht uns als Mensch aus? Wie kann ich mit meinen Gedanken wirklich präsent sein? Wann fange ich an, wann wird meine Komfortzone zu bequem?

Mit diesen Fragen habe ich mich vertiefend auseinandergesetzt. Sie haben mir nochmals gezeigt, wie wichtig die Liebe zu mir selbst und auch zu meinem Körper ist. Dass Yoga, Meditation und achtsames Essen, eine achtsame Ernährung mir dabei helfen, bei mir selbst zu sein und das Leben in allen Zügen genießen zu können, indem ich mir und meinem Körper das gebe, was er braucht.

Und deswegen auch ein zweites Buch, in dem ich noch tiefer in diese Welt, zusammen mit dir, eintauche und das, was ich in den vergangenen Monaten zusätzlich über eine achtsame Lebensweise gelernt habe, mit dir teilen kann.

Eine achtsame Lebensweise beinhaltet für mich unbedingt eine bewusste Ernährung und ein Verständnis dafür, dass dein Körper dein Tempel ist, der dich dieses tolle Leben erfahren lässt und dem gegenüber du die Verantwortung hast, ihn zu pflegen. Es bedeutet, die Menschen und die Orte wahrzunehmen, die dich inspirieren und beflügeln. Eine achtsame Lebensweise sollte dich psychisch wie auch physisch bewusst und gesund nähren.

Und so befinden sich in diesem Buch vertiefende Kapitel über Yoga, die Relevanz des Atmens, Meditation und Achtsamkeit sowie natürlich über gesunde Ernährung mit dazu passenden vielen neuen Rezepten.

Die Entwicklung der Rezepte, die du im hinteren Teil des Buchs findest, habe ich diesmal maßgeblich zu Hause gemacht. Natürlich war dies unter den Regelungen zu COVID-19 auch gar nicht anders möglich. Aber ich habe die Zeit zu Hause sehr genossen, denn so konnte ich in entspannter und gewohnter Atmosphäre alles ganz in Ruhe ausprobieren. Und die Notwendigkeit war sowieso da: Ohne regelmäßige Restaurantbesuche habe ich tatsächlich täglich zu Hause gekocht, denn auf Essen zum Mitnehmen verzichte ich vor allem aus Umweltaspekten so gut wie immer. Und

bei einer so langen Zeit blieben mir so viele Möglichkeiten, mich auszuprobieren und kreativ zu werden, schließlich will man ja nicht jeden Tag das gleiche essen. Gleichzeitig wollten auch Freunde und Bekannte oft mit ihrem Lieblingsessen bekocht werden, das von mir vegan interpretiert wurde.

Et voilà – fertig ist mein neues Buch für euch!

Die ganze Welt des Yoga

Yoga gibt uns die Chance, auf unserer Reise innezuhalten und unseren Körper und Geist in Einklang zu bringen

In den westlichen Ländern, auch hier in Deutschland, wird Yoga oft ausschließlich als eine Form der körperlichen Bewegung, als Sport gesehen und umgesetzt. Wir sehen Menschen, die sich körperlich in verschiedenste Positionen begeben können, und man bekommt das Gefühl, dass Yoga etwas mit besonderer Beweglichkeit und körperlicher Stärke zu tun hat. Das möchte ich gerne näher betrachten:

Yoga ist vor über 4000 Jahren in Indien entstanden und steht für „Einheit" oder „Harmonie". Denn nach der klassischen Lehre der Yogi ist es der wahre Weg, um Körper und Geist auf die Meditation vorzubereiten.

Deswegen kann Yoga wirklich jeder machen, es ist gar nicht notwendig, dass man extrem sportlich ist, und auch wenn man oft vor allem Frauen beim Yoga sieht: Yoga ist gleichermaßen auch für Männer geeignet!

Das Ziel beim Yoga ist der Prozess selbst, in dem man zu sich selbst findet, zu seiner eigenen inneren Wahrheit und gleichzeitig die Verbindung zu dieser Realität, zu seinem wahren Ich schafft. Dies erreicht man durch spezielle Übungen, die durch fortwährende Wiederholungen die verschiedenen Energien von Körper, Geist und Seele zu einem zentralen und ruhigen Fokuspunkt bringen: in sich selbst einzutauchen. Und gerade in der heutigen Zeit, in der viele von uns unter ständigem Stress stehen, der Alltag hektisch ist und wir das Gefühl haben, nicht zur Ruhe zu kommen, hat die Kreation eines solchen Fokuspunktes einen besonderen Wert. So empfinden viele von uns die eine Stunde, in der wir Yoga machen, als Ankerpunkt, der uns hilft, Stress und Hektik zu verbannen, um dann gestärkt und gedanklich sortiert aus der Stunde herauszugehen.

Es geht in den Yoga-Asanas darum, unseren Körper so zu bewegen, dass unsere Energiezentren (Chakren) geöffnet und dort gestaute Energien, Emotionen oder gar Traumata fließen und somit transformiert werden können. Schon oft durfte ich miterleben, wie Schüler in

meinen Klassen plötzlich emotional loslassen. Manchmal passiert dies in Form von glückseligen Gesichtern, oft aber auch in Form von Tränen, die man zu lange zurückgehalten hat.

Das sind für mich die wertvollsten Momente, denn dann weiß ich, dass durch die Übungen ein emotionaler Mehrwert entstanden ist und man inspirierenden Input bekommen hat, den man in seinen Alltag mitnehmen kann. Ob man irgendwann den Spagat schafft oder eine andere aufregende Pose, ist nur ein nettes Nebenprodukt, und niemand sollte seinen Erfolg im Yoga daran messen, ob er körperliche Höchstleistungen vollbringt. Es geht vor allem um die eigene Weiterentwicklung ohne Vergleiche untereinander.

Ich persönlich bin durch Hatha-Vinyasa zum Yoga gekommen und habe darin auch meine Ausbildung gemacht. In starken Vinyasa-Klassen kann ich meinen Körper richtig in Schwung und meinen Kopf in eine Ruhepause bringen – für mich die perfekte Kombination, um in meinen Tag zu starten. Genauso praktiziere ich

aber auch Yin-Yoga mindestens ein- bis zweimal die Woche am Abend vor dem Zubettgehen. Hier werden sanfte Posen über mehrere Minuten gehalten. Dadurch können Mikroanspannungen im Körper gelöst werden.

Der Körper ist, wie auch der Geist, jeden Tag in einem anderen Zustand und Gemüt, und deshalb ist es wunderschön, verschiedene Praktiken als „Werkzeug" zu haben, je nachdem, wie man sich in dem jeweiligen Moment gerade fühlt.

Wir leben in einem ständigen Fluss des Lebens, und so wie es Ebbe und Flut gibt, gibt es auch energische, kraftvolle Momente oder eben welche, in denen wir uns träge fühlen, oder sogar Phasen der Erschöpfung. Wir Frauen haben zusätzlich unseren wundervollen Menstruationszyklus, der uns daran erinnert.

Unsere Gesellschaft ist sehr leistungsorientiert, und wir werden angehalten, immer schneller zu funktionieren. Mehr als nötig zu machen wird bewundert, das besonders

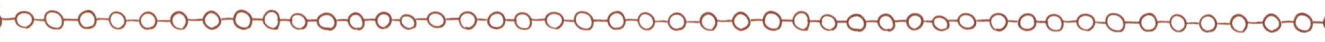

anstrengende Multitasking wird mit einem Schulterklopfen belohnt.

Dabei vergessen wir ganz klar, dass die Kraft in der Ruhe liegt. Dass wir nach all dem Tun und Machen, Pushen und Performen auch innehalten müssen, um Zeit schaffen zu können, uns selbst zu spüren und um uns selbst die Chance zu geben, zu hinterfragen: Ist das wirklich noch mein Weg?

Denn im Yoga geht es genau darum: sich selbst zu spüren. Deinen Körper, alle deine Sinne, deinen Atem. Du fängst an, dich wieder selbst wahrzunehmen und wieder zu deiner Kraft zurückzufinden. Kraft ist immer ein Teil von dir, aber manchmal braucht es einen Schlüssel, um versteckte Kräfte wiederzufinden: Und dieser Schlüssel kann Yoga sein.

Meine liebsten Yoga-Stile findet ihr einmal hier aufgelistet. Ich empfehle, verschiedene Praktiken und auch Lehrer auszuprobieren, bis man sich gut angesprochen und aufgehoben fühlt.

Hatha-Yoga

Hatha-Yoga ist die Art des Yoga, die weltweit am meisten verbreitet ist, und bildet die Grundlage für andere Stile, die sich darauf basierend entwickelt haben. Es ist auch die Form des Yoga, die im Westen am meisten praktiziert wird. Hierbei geht es primär um die körperliche Aktivität – den Körper so zu bewegen, dass man seine Energiezentren im Körper (Chakren) aktiviert, öffnet und

dort gehaltene Emotionen, sogar Traumata, (weg-)fließen lassen kann. Der Weg dorthin führt nicht nur über die Meditation, sondern vor allem auch durch die Übungen, wohl der Hauptgrund dafür, dass diese Art des Yoga so beliebt ist.

Ziel des Hatha-Yoga ist es, die Wiederherstellung des Gleichgewichts von Körper und Geist zu erlangen. Die Übungen für den Körper, sogenannte Asanas, werden in Kombination mit den Atemübungen, den Pranayamas, durchgeführt.

Gerade für Anfänger oder Einsteiger ist Hatha-Yoga sehr gut geeignet, besonders da die Einheiten immer wieder kleinere Ruhepausen enthalten und viele Positionen länger gehalten werden.

Vinyasa-Yoga

Das Ziel von Vinyasa, einer Form des Hatha-Yoga, ist die Bewegungsmeditation. Der Körper soll so bewegt werden, dass man energetische und physische Blockaden aufheben kann und der Körper und dessen Energien wieder in einem Fluss miteinander harmonieren können.

Hierbei kann man ganz frei unterschiedliche Abfolgen kreieren, die sich aus dem klassischen Hatha-Yoga ableiten. Die Abfolgen sind meist anstrengend, aber sehr fließend, so kann man sein Gedankenchaos hinter sich lassen und der Fokus richtet sich auf den eigenen Körper.

Die Asana-Praxis gilt als sonnige, maskuline Disziplin, bei der viel Feuer kreiert wird. Feuer hat die Eigenschaft des Verbrennens, zielt in diesem Zusammenhang aber auch auf Transformation ab.

So öffnen und stärken wir unseren Körper und lassen alte Gedankenmuster oder Gefühle los, die uns nicht mehr dienen.

Empfehlen kann ich diese Art des Yoga besonders am frühen Morgen, um gestärkt in den Tag zu starten.

Yin-Yoga

Yin-Yoga wird auch das weibliche Yoga genannt. Hierbei geht es um das lange Halten von Positionen, damit man auch Verspannungen in der Tiefenmuskulatur lösen kann. Dies wirkt sehr beruhigend, öffnend, entspannend und wohltuend und steht so konträr zum ständigen „On-the-Go" in unserem Alltag, dem ständigen Druck, etwas leisten zu müssen.

Yin-Yoga wird oft in abgedunkelten Räumen im Kerzenschein oder mit Salzlampen zusammen mit Hilfsmitteln wie Decken oder Yoga-Blöcken praktiziert. Mit deren Hilfe werden Posen mindestens fünf Minuten lang gehalten, sodass auch die letzte Mikroanspannung den Körper verlassen kann.

Diese Form des Yoga empfehle ich direkt vor dem Zubettgehen. Für Frauen ist Yin auch während der Periode sehr hilfreich und wohltuend.

Kundalini-Yoga

Kundalini kann am ehesten mit „Schlangenkraft" übersetzt werden. Unsere Energie wird gleichgestellt mit einer schlafenden Schlange, die durch das Yoga geweckt und freigesetzt wird. Beim Kundalini-Yoga liegt der Fokus auf dem Atem, in Kombination mit Bewegung und Mantras. Es geht darum, unsere Lebensenergie, unser Kundalini, durch unseren Körper fließen zu lassen und somit vital und sehr präsent zu sein.

Sie ist die einzige Yoga-Praxis, die bislang auch aus der Perspektive der westlichen Wissenschaft studiert und wissenschaftlich anerkannt wurde. Kundalini-Yoga ist der Überlieferung nach eine der ältesten Formen des Yoga, auf der andere Yoga-Stile, wie zum Beispiel das Hatha-Yoga, basieren. Wenn du also vorrangig Hatha-Yoga praktizierst, kann Kundalini-Yoga dir dabei helfen, ein noch tieferes Verständnis für die Materie zu gewinnen.

Ich habe Kundalini auf dem Envision Festival in Costa Rica Anfang 2020 bei Jai Dev Singh von der Life-Force Academy noch einmal neu für mich entdeckt und kann euch seine Onlinekurse wärmstens ans Herz legen. Für mich ist Kundalini eine tolle Praxis für den Morgen.

Da die verschiedenen Formen unterschiedliche Wirkungen haben, kann man sich manchmal mehr in der einen oder in der anderen Praxis wiederfinden. Ich empfehle immer, die verschiedenen Arten des Yoga auszuprobieren, so kannst du für dich selbst feststellen, was am besten zu dir passt, am besten mit dir und deinem Körper resoniert. Vielleicht stellst du fest, dass dir eine Art am liebsten ist oder dass du, so wie bei mir, einfach mehrere Arten machst, je nachdem, in welchem Gemütszustand du gerade bist, wie hoch das eigene Energielevel ist und davon abhängig, was dein Ziel ist. Denke vor allem daran, dir ausreichend Zeit zu nehmen, denn Yoga wird ohne Druck gemacht, keine Position wird erzwungen, für die dein Körper oder dein Geist noch nicht bereit sind.

Vielleicht neigt man als „feuriger Typ" zu mehr Aktivität und Feuer und übt sich lieber in Vinyasa oder anderen Asana-Praktiken, obwohl es unter Umständen ausgleichender wirken könnte, sich weg von dem feurigen, „sonnigen" Yoga (die Sonne steht in diesem Zusammenhang für männliche Energie, Feuer, Stärke, Willensstärke, das „Durchpowern"), hin zum etwas beruhigenden und langsamen Yin-Yoga (Mond) führen zu lassen. Der Mond steht hier sinngemäß für feminin, erdend, beruhigend und entschleunigend.

Unser Atem

Die Atmung ist der Motor für unsere Reise durch das Leben

Die Relevanz des Atmens wird in unserem Alltag unterschätzt. Die meisten von uns atmen zu flach und zu schnell. Unserem Körper signalisieren wir so, dass wir in einer Stresssituation sind. Unser Körper reagiert wie in einer Situation, in der wir vor etwas fliehen müssen, in Panik sind. Befinden wir uns im „Panikmodus", richtet der Körper all seine Funktionen auf diese Situation aus, für andere Aktivitäten, z. B. geistige Anstrengungen, bleibt weniger Raum und Kraft.

Viele Probleme rühren daher, dass wir unbewusst atmen. Atmen ist eine Funktion des Körpers, die automatisch erfolgt und die wir in den seltensten Fällen konkret steuern. So wird nur ein geringer Teil unseres möglichen Atemvolumens genutzt – die Definition einer flachen Atmung. Je weniger Atemvolumen ausgenutzt wird, desto weniger Sauerstoff gelangt in unseren Blutkreislauf. Wenn man sich dies vor Augen führt, wird klar, wie wichtig die Atmung ist, denn wir wissen, wie essenziell Sauerstoff für uns ist.

Wir kennen das Sprichwort „erst einmal durchatmen". Und es stimmt: Der Atem ist, sinnvoll und richtig angewendet, unser kraftvollstes in uns wohnendes Werkzeug. Er kann uns in allen Lebenslagen unterstützen, besonders auch bei psychischen Belastungen und Ängsten. Ich habe auch erst durch das Yoga den Zugang zu diesem Thema gefunden und gelernt, wie wichtig Atemübungen sind, die sogenannten Pranayamas.

Doch was ist eine „richtige" Atmung? Tief, ruhig und entspannt. Eine solche Atmung hilft gegen Stress und fördert die Gesundheit und das allgemeine Wohlbefinden. Bei der Nasenatmung werden Bereiche des Gehirns aktiviert, die für die Erinnerung und emotionale Verarbeitung zuständig sind. Drei tiefe, aufeinanderfolgende Atemzüge zu nehmen, beruhigt sofort dein Nervensystem. So ist zum Beispiel auch das Seufzen ein lebensnotwendiger Reflex, der der vollen Aktivierung unserer Lungenbläschen dient.

Ich habe dir im Folgenden drei Atemübungen zusammengestellt, die ich selbst praktiziere. Sie helfen mir, die positiven Auswirkungen der Atmung zu aktivieren und mich auf meine innere Mitte zu konzentrieren.

Besonders wichtig ist, dass du es dir dabei bequem machst, ein lockeres Outfit (vielleicht direkt dein Yoga-Outfit) oder einfach eine Jogginghose anziehst. Nimm dir genügend Zeit und sorge dafür, dass du ungestört bist.

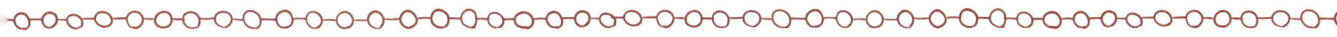

Die abwechselnde Nasenatmung

Die abwechselnde Nasenatmung ist eine Atemtechnik des Yoga und der Meditation. Sie wirkt entspannend und ausbalancierend auf unsere Gehirnhälften.

Vielleicht ist dir noch nicht aufgefallen, dass du, wenn du durch die Nase atmest, immer nur durch ein Nasenloch ein- und ausatmest. Diese Übung erinnert den Körper daran, beide Seiten zu nutzen, und wirkt so ausgleichend. Körper und Geist können entspannen, Ängste werden reduziert und dein gesamtes Wohlbefinden wird gesteigert. Sie ist ein Werkzeug zum Stressmanagement und kann dir helfen, deine Lungenfunktion zu steigern. Außerdem wirkt sie entschleunigend auf deinen Herzschlag.

Setze dich in eine für dich bequeme Schneidersitzposition.

✳

Lege deine linke Hand auf dein linkes Knie.

✳

Führe deine rechte Hand zu deiner Nase und atme langsam, aber komplett aus.

✳

Nutze deinen rechten Daumen, um dein rechtes Nasenloch zuzuhalten,
und atme durch dein linkes Nasenloch ein.

✳

Schließe nun dein linkes Nasenloch mit deinem Ringfinger,
mache dabei ein umgedrehtes Peace-Zeichen mit dem rechten
Zeige- und Ringfinger oder führe sie zu deiner Stirn.

✳

Öffne das rechte Nasenloch und atme darüber aus.

✳

Atme über dein rechtes Nasenloch wieder ein.

✳

Schließe es dann, öffne das linke Nasenloch und atme durch die linke Seite aus.

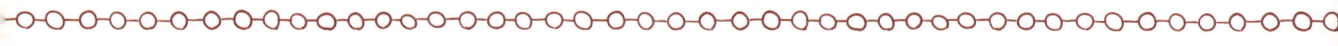

Die Feueratmung

Auch die Feueratmung (Breath of Fire) ist eine Atemtechnik des Yoga, speziell des Kundalini-Yoga. Die Übung wirkt aufweckend und kreiert ein inneres Feuer, weckt die Stärke in dir.

Setze dich in eine für dich bequeme Schneidersitzposition.

✳

Schließe die Augen.

✳

Fokussiere dich auf deinen Atem.

✳

Atme durch die Nase tief in den Bauch ein.

✳

Achte darauf, dass dein Mund geschlossen bleibt.

✳

Atme über die Nase wieder aus, schnell
und mit einem gewissen Druck.

✳

Während des Ausatmens solltest du
deinen Bauch kurz einziehen.

✳

Du solltest diese Übung mindestens 20-mal wiederholen.

Beim Ausatmen solltest du das Gefühl haben, dass eine schnelle Bewegung deines Bauchnabels nach innen stattfindet, als würde von außen jemand auf deinen Bauch drücken und die Luft herauspressen. Der Fokus liegt hier ganz deutlich auf einer starken Ausatmung, das Einatmen erfolgt automatisch.

Diese Übung sorgt, regelmäßig durchgeführt, für ein verbessertes Lungenvolumen. Dadurch entsteht auch zusätzliche Energie, dein inneres Feuer.

Die Drei-Stufen-Atmung

Die sogenannte Drei-Stufen-Atmung (3 Part Breath) ist besonders für Anfänger geeignet. Auch diese Übung dient der Entspannung. Sie wirkt bei Stress sehr beruhigend und hilft dabei, im aktuellen Moment präsent zu sein.

Lege dich mit ausgestreckten Beinen auf den Rücken.

✳

Schließe die Augen.

✳

Fokussiere dich auf deinen Atem.

✳

Lege deine linke Hand auf dein
Herz und die rechte auf deinen Bauch.

✳

Atme ganz langsam und ganz tief durch die Nase ein,
zuerst in den Bauch, über die Rippen und dann zur Brust.

✳

Atme genauso langsam
wieder über die Nase aus.

Versuche, so viel Luft wie möglich in deinen Bauch zu saugen, um der oft sehr kurzatmigen Brustatmung entgegenzuwirken. Wiederhole diese Atmung für einige Minuten, löse dann deinen Atem und finde in deine natürliche Atmung zurück.

Meditation & Achtsamkeit

Meditation und Achtsamkeit schaffen wertvolle und notwendige Pausen auf unserer Reise durch das Leben

Durch Yoga wird der Körper mobilisiert, und dies hilft bei der Vorbereitung auf die Meditation. Meditation zielt auf die pure Wahrnehmung im Jetzt ab. Sie ist das Erfahren von Einheit mit sich selbst und mit seiner Umwelt. Denn jeder Einzelne von uns ist ein magischer Ausdruck der Natur. Wir wurden in einem großartigen, einzigartigen Körper geboren, um dieses wundervolle Leben erfahren zu können.

Dass wir es geschafft haben, uns zwischen all den Anwärtern im Bauch unserer Mutter durchzusetzen, ist ein Wunder. Unser ganzes Leben ist ein Wunder. Der Tempel, in dem wir leben, unser beeindruckender Körper, ein perfektes System, das sich selbst heilt, in konstanter Symbiose arbeitet und unser Gehirn beherbergt. Unser Gehirn ist mit Sicherheit unser beeindruckendstes Körperteil, ausgestattet mit so vielen Funktionen, dass selbst die moderne Medizin dieses Organ bisher kaum versteht.

Es gilt, unseren Körper, unsere Heimat, unseren Tempel zu ehren und zu pflegen.

Die Meditation erinnert uns daran, dass wir, so wie wir sind, vollständig sind. Wir sind immer genug. Wir sind etwas ganz Besonderes. Wir sind ein Stück Magie. Und jeder Atemzug, den wir nehmen, ist ein Geschenk. Durch das Meditieren werden wir daran erinnert, uns unserer Gaben und Besonderheiten bewusst zu werden, und können sie so auch mit anderen Menschen teilen. Über eine konstante Praxis, ein regelmäßiges Beobachten unseres Innenlebens – unserer Gefühle, Gedanken und Glaubenssätze – können wir es auch schaffen, aus alten Mustern auszubrechen, und uns neu definieren. Denn du bist ein lebendes, atmendes Wesen, du bist nicht konstant und gleich bleibend. An jedem Tag, in jedem Moment und in jedem Atemzug kannst du dich neu erfinden. Du kannst eine neue Version von dir erschaffen, eine präsentere und liebevolle Version gegenüber dir selbst und allen anderen Lebewesen.

Über die Meditation schafft man einen neuen Zugang zu sich selbst, ganz besonders zu seinen eigenen Gedanken, welche ausschlaggebend für dein persönliches Glück und deine Zufriedenheit sind.

Wir sollten uns darüber bewusst werden, dass die Bereiche, denen wir unsere Aufmerksamkeit und unsere Gedanken widmen, auch die Bereiche sind, die unsere Energie bekommen und verbrauchen.

Sind unsere Gedanken positiv, ist das für uns eine insgesamt positive Erfahrung, Erfahrungen, denen wir gerne unsere Energie schenken. Im Umkehrschluss heißt es aber auch, dass negative Gedanken uns unserer Energie berauben, sodass weniger Kapazität für die positiven Dinge in unserem Leben bleibt.

Darüber hinaus wirken unsere Gedanken auch wie ein Magnet: Positives zieht mehr Positives an, Negatives mehr Negatives. Es braucht über zehn positive Gedanken, um einen negativen Gedanken auszugleichen.

Was ich damit sagen will? Schenke deinen Gedanken die richtige Aufmerksamkeit und steuere sie dorthin, wo du selbst gerne sein möchtest. Deine Gedanken sind machtvoll, sie kreieren deine Emotionen. Emotionen sind Vibrationen, messbar in Frequenzen, die als Energiefeld in einem Radius von bis zu drei Metern um uns herum reichen. Zu diesem Thema gibt es z. B. vertiefende Literatur oder auch Hörbücher von Joe Dispenza.

Positive Emotionen wie Dankbarkeit, Liebe und Freude schaffen eine höhere Frequenz, während limitierende Emotionen wie Wut, Trauer, Selbstmitleid und Frustration sie senken. Deine Frequenz, also deine Vibration, ist dementsprechend tiefer, und somit ziehst du die gleich schwingenden Frequenzen an. Sprichworte wie „Dein Geist ist ein Magnet" oder „Du wirst, was du denkst" sind wortwörtlich zu nehmen.

Wir kreieren unsere eigene Realität. Und das ist unsere Kraft. Die Kraft von jedem einzelnen von uns.

Oft sehen wir uns jedoch als Opfer dessen, was uns passiert.

Aber unsere Gedanken sind der erste Schritt, den wir selbst beeinflussen können. Sie sind der erste Schritt zu unserem selbst gestalteten Leben, für das nur wir selbst die Verantwortung tragen.

Wir sind nicht die Opfer dessen, was uns passiert, sondern wir haben die Möglichkeit, unsere Reaktionen zu steuern, und können so unsere eigene persönliche Welt gestalten. Oft sind wir leider jedoch so gefangen in unseren Gedanken und alten Verhaltensmustern, dass wir ganz unbewusst reaktiv sind, also nicht innehalten, beobachten und dann agieren, sondern impulsiv handeln und den antrainierten Autopiloten einschalten.

Im ersten Moment erscheint das einfacher oder sogar „richtiger". Wir sagen uns: „So bin ich halt …", aber es gilt, genau diesen Trugschluss zu durchbrechen. Egal, welche Art und Weise wir uns selbst zuschreiben, wenn sie uns nicht mehr dient, wenn sie etwas in uns herausholt, was uns oder anderen schadet, dann ist es wichtig, loszulassen.

Alte Muster sind wie Anker, die dich in einer veralteten Version von dir festhalten und dich daran hindern, dich weiterzuentwickeln.

Du selbst bist die einzige Person, die gut und schlecht definiert. Du kannst „schlecht" aus deinem Wörterbuch streichen, denn alles, was du tust, bringt dich auf deiner Reise weiter. Entweder löst es tolle und positive Emotionen aus, oder du kannst etwas lernen, weil du an deine Grenzen kommst.

Um meine Gedanken in die für mich richtige Richtung zu lenken, nehme ich mir täglich Zeit für meine Morgenroutine. Mein Handy ist aus, ich beginne mit einer Dankbarkeitsübung, halte drei bis fünf Dinge fest, für die ich dankbar bin, entweder in meiner Meditation oder in einem Tagebuch. Vielleicht schreibe ich sogar noch etwas mehr, um mich zu sortieren. Ich nehme mir Zeit für mich und meine Emotionen.

Natürlich kann so eine Morgenroutine für jeden anders aussehen. Vielleicht machst du lieber einen Spaziergang in der Natur, vielleicht lieber Yoga. Wichtig ist, dass man die Stille zulässt. Oft ist das am Anfang beängstigend, denn vielleicht findest du vor der Stille erst einmal Wut in dir, vielleicht bist du sogar

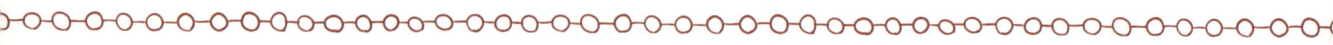

traurig. Aber nur wenn du diese Emotionen zulässt, kannst du dann auch zur Stille finden, einer Stille, die im nächsten Schritt zur Meditation führen kann.

In der Meditation kannst du zum Beobachter deiner Gedanken und Konditionierung werden. Anstatt in einer Flut von Gedanken unterzugehen, dich in Emotionen reaktiv zu verhalten, trittst du über eine regelmäßige Meditation einen Schritt zurück und erkennst deine eigenen Muster.

Auch hier gibt es keine richtigen oder falschen Gedanken oder Glaubenssätze per se, aber welche, die dich unterstützen und voranbringen, und eben diese, die dich kleinhalten. Die Erkenntnis über unsere eigenen Verhaltensmuster gibt uns Stärke und verhindert, dass Dinge, die wir sagen und tun, einfach unbewusst ablaufen und so heimlich unser Leben steuern.

Du kannst lernen, diese Verhaltensmuster zu kontrollieren, sie zu verändern, und sie dann neu entwickeln.

Mir hat es geholfen, das Meditieren mit der Entrümpelung einer alten Kammer zu vergleichen. Man betrachtet seine Gedanken wie Fundstücke in der Kammer. Die einen sind nagelneu, die anderen ganz verstaubt und wiederum andere, schon längst in Vergessenheit geratene Teile, kommen nach und nach zum Vorschein.

Ohne gleich zu beurteilen, wie etwas ist, gilt es zuerst zu fragen: Brauche ich dieses

Teil noch? Brauche ich diese alten Gedankenmuster in meiner Zukunft? Was kann entrümpelt werden? Was kann ich zurücklassen? Welchem Gedankengut möchte ich in Zukunft meine Aufmerksamkeit widmen?

Tritt einfach einen Schritt zurück, beobachte, was kommt, sortiere es ein oder aus und lasse es weiterziehen.

Stell dir außerdem das wunderschöne Bild eines blauen Himmels vor, der dein Bewusstsein, deine Präsenz repräsentiert, und die Wolken, die mal hell und freundlich, mal düster verhangen, symbolisch für deine Gedanken, aufziehen – aber weiterziehen. Der Himmel hinter den Wolken ist immer blau, auch wenn einmal ein kleiner Regenschauer vorbeizieht.

Über die Meditation kannst du zwischen all dem Input, den wir in jedem wachen Moment bekommen, bewusst eine kleine Auszeit schaffen. In diesen Momenten nimmst du dir die Zeit und den Raum, um gewonnene Eindrücke zu sortieren und damit auch dein wunderschönes Innenleben.

Ich verspreche dir: Die Zeit, die du dir täglich nimmst, lässt dich viel entspannter und auch fokussierter durch den Tag gehen, sodass du sie an einem anderen Punkt ganz locker wieder einholen wirst.

Unsere Umwelt

Eine Reise durch das Leben ist nur möglich mit einer heilen, intakten Umwelt

Wir alle sind uns bewusst, heute mehr als jemals zuvor, dass wir unserer Umwelt gegenüber eine Verantwortung haben und uns um sie kümmern müssen. Und ich kenne kaum jemanden, der nicht helfen möchte und seinen Beitrag dazu leisten will, damit auch noch die Generationen nach uns die Schönheiten unserer Natur genießen können. Ich freue mich sehr darüber, dass die Diskussion über Umweltschutz nun endlich ein täglicher Bestandteil unserer Gespräche geworden ist und das Thema so die Aufmerksamkeit bekommt, die es verdient.

Ich habe jedoch auch festgestellt, dass man sich oft bereits mit der Frage überfordert fühlt, was man als Einzelner hier überhaupt tun kann. Deswegen möchte ich die Dinge mit euch teilen, die ich z. B. bei meinen wöchentlichen Lebensmitteleinkäufen beachte. Ich bin der Meinung, dass jeder noch so kleine Schritt zählt, denn dieser ist für den Einzelnen meist ganz einfach umsetzbar und man fühlt sich durch das Thema Umweltschutz nicht überrumpelt.

Durch das Beachten der folgenden Beispiele ist mein Alltag nicht komplexer oder schwieriger geworden, sondern oft sogar einfacher und auch schöner – in ganz unerwarteten Bereichen, wie z. B. durch das Entstehen neuer und persönlicher Kontakte.

Der Wochenmarkt

Für mich ist der Besuch auf dem Wochenmarkt eine tolle Alternative zum Gang zum Supermarkt. Ein- bis zweimal pro Woche besorge ich mir dort frisches Gemüse und Obst der Saison und das ganz ohne Verpackung. Das hat den großen Vorteil, dass ich lokale Produkte kaufen kann und keine, die vielleicht schon einen sehr weiten Weg quer über den Erdball hinter sich haben und damit auch einen wesentlich größeren ökologischen Fußabdruck. Gleichzeitig unterstütze ich die Landwirte aus der Region.

Auf dem Markt kann ich die Produkte direkt in meine eigens mitgebrachten Beutel oder Dosen verpacken lassen, so bringe ich keine schädlichen Umverpackungen mit nach Hause, die man dann sowieso, kaum in der Küche zu Hause angekommen, schon wieder entsorgt. Ich habe immer eine Stofftasche, Gemüsenetze oder Papiertüten für

den Einkauf mit dabei, um nicht weitere Tüten (vor allem keine Plastiktüten) mit nach Hause nehmen zu müssen. Viele Verpackungsmaterialien kann man einfach mehrmals nutzen, z. B. die Papiertüten, in denen ich Gemüse oder Obst vom Markt transportiert habe – sie sind ja meist nach der ersten Nutzung noch komplett sauber.

Dazu kommt, dass mir der Besuch auf dem Markt so viele weitere Möglichkeiten bietet. Man kann ganz einfach in netter Atmosphäre neue und auch mal etwas andere Lebensmittel wie selbst gemachte Öle, Gewürzmischungen oder Dips ausprobieren und kennenlernen. Dort kaufe ich auch gerne von Handwerkern der Region aus Holz hergestellte Küchenutensilien wie Kochlöffel oder Schneidebretter. Meist sehen diese auch viel schöner aus als die herkömmlichen Plastikvarianten aus dem Supermarkt – so schön, dass ich diese Dinge auch gerne und oft verschenke.

Auch den persönlichen Austausch mit den Marktleuten möchte ich nicht mehr missen. So oft bekommt man den einen oder anderen Rezeptvorschlag gratis mit auf den Weg oder probiert sich spontan durch ein neues Angebot. Alles in allem ist der Gang zum Wochenmarkt für mich ein Erlebnis mit allen Sinnen und steht im starken Kontrast zu dem doch eigentlich sehr unnatürlichen Supermarkt um die Ecke. Denn natürlich ist es ja nicht, dass uns alle Lebensmittel 365 Tage im Jahr zur Verfügung stehen.

Die Gemüse- oder Obstbox

Lebt man direkt in der Stadt, hat man nicht immer die Möglichkeit, einen Markt zu besuchen, aber mittlerweile gibt es nahezu überall die Möglichkeit, online lokale Gemüse- oder Obstboxen zu bestellen. Oft liefern die Höfe aus dem näheren Umkreis saisonale Produkte direkt zu dir nach Hause. Mit einer einzigen Box ist man meist eine ganze Woche lang versorgt – so bekommt man immer wieder neue Inspirationen dazu, was man die Woche über kochen kann, und isst nicht immer das gleiche.

Das bedeutet nicht, dass wir uns alle ab sofort und zu jeder Zeit reglementieren und auf alles verzichten müssen. Ich esse auch Kakao, Bananen oder Datteln. All diese Produkte stammen aus Ländern, die weit von Deutschland entfernt sind. Ich denke aber, dass wir uns alle darüber bewusst sein sollten, was der Transport aus diesen Ländern in unsere Region bedeutet und wie hoch der dadurch verursachte CO_2-Ausstoß ist. Aber muss es zum Beispiel die tägliche Maracuja und Mango sein, wenn ich von der Wiese um die Ecke auch einen saftigen (und nebenbei meist günstigeren) Apfel erstehen kann? Meine Devise ist der bewusste Konsum. Darunter verstehe ich auch das Unterstützen von Biomarken und fair gehandelten Produkten, denn so stellen wir mit unserem Einkauf zusätzlich sicher, dass die Menschen, die in den meist südlichen Ländern für die Herstellung unserer Lebensmittel arbeiten, nicht ausgenutzt werden. Es gibt beispielsweise bei Kaffee tolle

Marken, die nicht nur Fairtrade sind, sondern z. B. auch noch Frauen mit Kleinkrediten versorgen, sodass diese sich ein neues Leben aufbauen können. So haben wir die einfache Möglichkeit, mit unserer täglichen Tasse Kaffee etwas Gutes zu tun. Jede unserer Kaufentscheidungen ist machtvoll, denn mit jedem Kauf unterstützen wir unsere Mitmenschen und die Natur – oder sind mitverantwortlich an der Zerstörung unserer Umwelt und der Ausnutzung von Menschen.

Die pflanzliche Ernährung

Wie ihr bereits wisst, ernähre ich mich schon seit meiner Kindheit vegetarisch. Neben dem Aspekt des Tierschutzes ist mir das heute besonders auch aus Gründen des Umweltschutzes wichtig. Die Massentierhaltung ist nachweislich für einen sehr großen Teil der Treibhausgasemissionen verantwortlich, da die Tiere unter anderem Tonnen an Methangas ausstoßen. Die Fütterung der Tiere findet in einem großen Ausmaß durch Sojaprodukte statt, welche meist auf den Flächen des gerodeten Regenwaldes angebaut werden. Die weltweite Fleischproduktion ist dadurch gleichzeitig hauptverantwortlich für die Zerstörung des Regenwaldes. Entgegen der oft von Kritikern der vegetarischen Ernährung propagierten Meinung werden Sojaprodukte für Tofu, Sojamilch und Co. vorrangig lokal angebaut und haben somit keinen Einfluss auf die Rodungen im Amazonasgebiet.

Allein in Deutschland wurden 2019 über 55,1 Millionen Schweine, 3,5 Millionen Rinder und 703,3 Millionen Geflügelarten (darunter fallen Hühner, Enten etc.) geschlachtet. Für die Produktion von einem Kilo Rindfleisch werden über 16.000 Liter Wasser benötigt, für zwei Kilo Getreide gerade einmal 1 350 Liter. Solche Zahlen zeigen mir, dass wir der Umwelt weniger schaden, wenn weniger Fleisch konsumiert wird. Fisch ist im Übrigen leider keine geeignete Alternative für Fleisch. Weltweit sind bereits 90 Prozent der kommerziell genutzten Fischbestände überfischt. Das bedeutet, dass die Bestände der Fischarten extrem bedroht sind. Oft ist uns nicht bewusst, dass die Fischerei nicht nur negative Folgen für die verschiedenen Fischarten hat, sondern auch beispielsweise den Lebewesen auf dem Meeresboden schadet. Der Einsatz von bestimmten Netzen führt dazu, dass der Lebensraum von Seesternen und Muscheln teilweise irreparabel geschädigt wird.

Im Mittelmeer sind bereits mehr als 50 Prozent aller Hai- und Rochenarten vom Aussterben bedroht, weltweit sind es insgesamt über 17 Prozent. Auch hier sind es hauptsächlich die Netze, die den Tieren zum Verhängnis werden. Diese bleiben dort als Beifang hängen und verenden oft qualvoll. Sportfischerei trägt ebenso stark zum Rückgang der Artenvielfalt bei.

Des Weiteren sterben allein in Europa pro Jahr bis zu 400.000 Vögel, weil sie sich in den Netzen der Fischer verfangen.

Künstlich angelegte Fischbecken, soge-nannte Aquakulturanlagen, sollen uns sug-gerieren, dass der Konsum von Fisch aus der Zucht völlig in Ordnung und unschädlich sei. Oft wird hierfür sogar ein entsprechender Aufkleber auf der Verpackung angebracht. Aber auch diese Becken haben einen gravie-renden negativen Effekt auf das Ökosystem. Zum Beispiel können Tiere aus diesen Anla-gen in die umliegenden Gewässer gelangen und dort heimische Arten verdrängen. Zucht-tiere sind meist anfälliger für Krankheiten oder Parasiten, sodass diese sich leicht aus-breiten können und oft den ganzen Bestand einer Zuchtanlage befallen. Werden die Tiere dann mit Medikamenten behandelt, gelangen diese Chemikalien über den Wasserkreislauf wieder in die Umwelt. Natürlich müssen die Tiere in den Zuchtstationen auch gefüttert werden, sodass dafür oft andere, möglicher-weise konventionell gefangene Fische als Tier-futter benötigt werden.

Aber warum wollen wir eigentlich Fisch es-sen? Er wird uns als besonders gesund und na-türlich verkauft. Dabei ist Fisch weit weniger gesund als sein guter Ruf. Im Grunde sind alle Fische mit Schwermetallen belastet, vor allem mit Quecksilber. Es gibt tatsächlich keinen Grund dafür, warum wir Fisch essen „müssen". Im Gegenteil, die enthaltenen Schwermetalle

sind schädlich für uns und die wichtigen Omega-3-Fettsäuren, die die meisten Fischarten enthalten, können wir auch über zum Beispiel Lein-, Hanf-, Walnuss- und Rapsöl oder durch Chiasamen zu uns nehmen.

Ich möchte aber nochmals auf das Thema Tierschutz zurückkommen. Wir sollten uns, wenn wir uns letzten Endes tatsächlich dafür entscheiden, tierische Produkte zu konsumieren, auch darüber bewusst sein, dass ein anderes Lebewesen dafür sterben und in den meisten Fällen auch leiden muss. Die Tierhaltung ist meist nicht artgerecht, auch wenn wir, gerade hierzulande, davon ausgehen, dass unsere Gesetze nichts anderes zulassen. So hat zum Beispiel in Deutschland ein Huhn laut Gesetz Anspruch auf 800 cm². Das ist so wenig wie ein DIN-A4-Blatt und fünf EC-Karten, und das, obwohl ein Huhn am liebsten in kleinen Gruppen lebt und sich, wenn es die Möglichkeit hat, den ganzen Tag über natürlich bewegt und seine Umgebung erkundet. Ähnlich ist es mit Schweinen. Es liegt in ihrer Natur, sich zu bewegen und soziale Kontakte aufzubauen, und nicht mehr oder weniger regungslos und fixiert in Boxen zu stehen.

Das sogenannte Kükentöten wird voraussichtlich erst 2022 verboten werden. Es bedeutet, dass männliche Küken direkt nach der Geburt getötet werden, da sie nicht als Legehennen eingesetzt werden. Sie sind ein sogenanntes „Abfallprodukt" der Eierproduktion, und so sterben allein über diesen Weg pro Jahr 45 Millionen Küken in Deutschland.

Kühe müssen, um Milch produzieren zu können, nahezu jährlich ein Kalb austragen, welches meist unmittelbar nach der Geburt von der Mutter getrennt wird, damit wir Menschen die Milch konsumieren können, die eigentlich für das Kalb gedacht ist. Die meisten, vorwiegend männlichen Kälber werden dann zu sogenannten Mastkälbern und erleben ihr erstes Lebensjahr nicht. Milchkühe gelten nach fünf bis sechs Jahren als „verbraucht" und kommen danach meist zum Schlachter und das, obwohl eine Kuh in ihrem natürlichen Umfeld bis zu 22 Jahre alt werden könnte.

Das sind nur einige Aspekte, die ich zum Thema Tierschutz hier ansprechen möchte als Hinweis darauf, dass wir uns darüber bewusst sein sollten, woher unsere Nahrung kommt und was sie für Auswirkungen auf andere Lebewesen hat. Vielleicht kann ich dir damit einen Einstieg in diese Thematik bereiten. Weitere Informationen findest du z. B. bei der Albert Schweitzer Stiftung, bei Greenpeace, PETA oder dem Deutschen Tierschutzbund. Es lohnt sich, sich die Arbeit der Organisationen einmal anzuschauen.

Unterwegs

Auch auf Reisen ist es mir wichtig, darauf zu achten, dass ich die Umwelt so wenig wie möglich belaste und meiner Ernährungsweise nicht untreu werde. Und das ist auch gar nicht schwer – mit ein bisschen Vorbereitung geht

alles! Denn wer kennt das nicht? Kaum sind wir unterwegs, greifen wir zu nährstoffarmen Snacks aus der Tüte oder fertig zubereiteten Sandwiches, weil es vielleicht am Bahnhofskiosk nichts anderes gibt.

Wenn wir uns auf unseren nächsten Ausflug etwas vorbereiten, können wir das ziemlich leicht umgehen. Und das geht schneller, als du denkst, schmeckt besser, ist gesünder und sehr viel nachhaltiger, da jegliche Umverpackung wegfällt. Positiver Nebeneffekt: Es schont auch deinen Geldbeutel! Denn Brötchen und Kaffee aus der Bäckerei am Bahnhof kosten um einiges mehr als dein selbst mitgebrachtes Essen von zu Hause.

Ich habe mir einmal einige praktische Boxen zur Aufbewahrung besorgt und kann diese nun immer wieder nutzen. Mittlerweile gibt es tolle Lunchboxen in jeder Größe aus Metall oder Glas, du bist also auch nicht mehr auf die klassische Brotdose aus Plastik angewiesen.

Ich habe außerdem immer einen kleinen Löffel oder eine Gabel dabei, so kann ich darauf verzichten, mir vor Ort irgendwo Plastikbesteck nehmen zu müssen. Auch für den frischen Smoothie oder Shake to go gibt es inzwischen praktische Strohhalme aus Metall oder Glas, die du mitnehmen kannst und dann zu Hause einfach wieder in die Spülmaschine steckst.

Der Kaffee to go ist aus dem Stadtbild derzeit leider nicht mehr wegzudenken. Ihr kennt dies sicherlich auch: Kaum ist man in der Stadt unterwegs, begegnet man unzähligen Menschen mit einem Einmalkaffeebecher in der Hand. Fast drei Milliarden Kaffeebecher werden in Deutschland jährlich verbraucht und weggeschmissen. Das ist eine unvorstellbar große Zahl, die wir gemeinsam schnell und unkompliziert auf null reduzieren könnten, wenn jeder von uns seinen Mehrwegbecher mitnimmt und befüllen lässt. Viele Bäckereien und Cafés bieten sogar einen Rabatt an, wenn man das Getränk zum Mitnehmen in seinen eigenen Becher füllen lässt – so schont man die Umwelt und spart Geld!

Wenn ich koche, koche ich oft direkt mehrere Portionen vor. So habe ich eine weitere Mahlzeit für den nächsten Tag oder kann mir eine bunte Bowl aus verschiedenen Resten mixen, die ich einfach mitnehmen kann. Zusammen mit frischen Kräutern, Gewürzen und Ölen kann man meist etwas Neues zaubern und vermeiden, dass Essen weggeschmissen werden muss. In Deutschland werfen wir pro Kopf und Jahr übrigens 75 Kilo Nahrungsmittel weg. Der größte Teil stammt dabei nicht, wie man vielleicht denken könnte, aus der Lebensmittelherstellung, nein, der größte Anteil an diesem Aufkommen stammt von uns, aus unseren Privathaushalten. Hier können wir also ganz direkt etwas tun, und wie schön wäre es

für unsere Umwelt, diesen unglaublich hohen Anteil zu reduzieren, wenn nicht gleich ganz zu eliminieren.

Aber auch Snacks wie selbst gemachte Riegel, Früchte- oder Bananenbrot, Nüsse, Kerne und Trockenfrüchte können in kleinen Dosen einfach mitgenommen werden.

Ganz wichtig: nie deine eigene wiederverwendbare Trinkflasche vergessen. Ich empfehle eine Variante aus Metall. Es gibt auch tolle Flaschen aus Glas, aber auf Reisen ist dies natürlich nicht besonders praktisch, denn schließlich soll die Flasche ja auch einiges mitmachen.

So können wir alle unseren Beitrag dazu leisten, dass Plastikmüll reduziert wird, da wir uns unterwegs nichts in PET-Flaschen oder Dosen kaufen müssen.

Positiver Nebeneffekt: Man tut gleich noch etwas für die Gesundheit, denn wenn man eine selbst gefüllte Flasche dabeihat, trinkt man automatisch mehr und auch regelmäßiger.

Und wenn wir schon beim Thema Reisen sind: Ich versuche, so viele Trips wie möglich mit dem Zug anstatt mit dem Auto oder dem Flieger zu erledigen. Damit tut man der Umwelt einen Gefallen, und es ist meist mit viel weniger Stress verbunden. Keine stundenlangen Staus mit dem Auto und kein Anstehen zwecks Taschenkontrolle am Flughafen!

Meine veganen Rezepte

Alle Rezepte, die diesmal Teil des Buchs sind, sind vegan. In meinem letzten Buch „Eat Love Happiness" hatte ich auch das eine oder andere vegetarische Gericht vorgestellt, z. B. den Gebackenen Feta oder den Modern Greek Salad. Diesmal habe ich jedoch bewusst auf tierische Produkte verzichtet. Die einzige Ausnahme: Ich habe ab und an einmal Honig verwendet. Streng genommen fällt natürlich auch Honig in die Kategorie „tierisches Produkt", da die Bienen den Honig über die Sommermonate produzieren. Beim Konsum von Honig sollte uns Menschen bewusst sein, dass wir den Bienen ihren angelegten Vorrat wegnehmen. Der Imker ersetzt ihn dann mit einem sehr einfachen Zuckerwasser. Ein nährstoffarmes Produkt, welches weit weg ist von Honig, der vor guten und wichtigen Nährstoffen nur so platzt. Natürlich kann man ihn auch immer durch leckere wirklich vegane Optionen wie Dattel-, Agaven- oder Ahornsirup ersetzen.

Ursprünglich habe ich eine komplett vegane Ernährung nicht anvisiert, ich habe aber während meiner Yoga-Ausbildung bei der Planung der Verpflegung angegeben, dass ich in diesem einen Monat ausschließlich vegan essen möchte. Zuvor hatte ich sicherlich, und das konnte man in meinem letzten Buch feststellen, zum allergrößten Teil bereits vegan gegessen, allerdings nicht zu 100 Prozent. Mir widerstrebt es, mir selbst oder anderen strenge Regeln aufzuerlegen.

In diesen vier Wochen habe ich jedoch vermehrt festgestellt, wie genussvoll und abwechslungsreich eine rein pflanzliche Ernährung sein kann und wie viele tolle Alternativen es zu meinen bislang geliebten Milchprodukten gibt. Durch diese Alternativen bin ich nicht mehr darauf angewiesen, Feta oder andere tierische Produkte zu verwenden, ich vermisse es ehrlich gesagt auch nicht.

Mit dem, was die vegane Küche mir bietet, kann ich wunderbar kreativ sein und mir alle meine kulinarischen Wünsche erfüllen. So sind auch viele der neuen Rezepte entstanden, denn auf meine „alten" Lieblingsgerichte wie Trüffel-Pasta oder Käsekuchen möchte ich auch als Veganerin nicht verzichten. Also

habe ich es mir zur Mission gemacht, vegane Versionen dieser Rezepte zu kreieren, und durch tolle neue Produkte und ein immer größer werdendes veganes Sortiment in fast jedem Supermarkt ist mir dies auch viel leichter gefallen, als ursprünglich gedacht.

Ich finde mittlerweile meine eigenen kreativen veganen Varianten sehr viel schmackhafter als die konventionellen. Dies hat sicherlich auch damit zu tun, dass sich die eigenen Geschmacksknospen verändern, wenn man keine tierischen Produkte mehr isst. Genauso ist es auch mit dem Geruchssinn. Deswegen muss ich zugeben, Veganer machen keine Witze, wenn sie sagen, dass sie die Tasse Kuhmilch schon riechen können, selbst wenn sie noch etwas entfernt auf dem Küchentisch steht. Das ist ein ganz natürlicher Prozess, fragt mal bei euren Freunden und Bekannten nach, die sich vielleicht schon länger vegan ernähren.

Dazu kommt, dass ich mich mit einer Ernährung, die keine tierischen Produkte enthält, körperlich und auch mental wesentlich besser fühle.

Durch eine ausschließlich vegane Ernährung ändert sich nicht nur der Geschmacks- und Geruchssinn, sondern auch die Verdauung. Tierische Produkte sind schwerer zu verdauen – und auf dieses Völlegefühl, das Gefühl, dass einem das Essen schwer im Magen liegt, darauf kann ich sehr gerne verzichten. Ich fühle mich dadurch, dass meine Verdauung, mein Organismus nicht durch die tierischen Produkte be-

lastet sind, fitter und weniger müde. So bin ich morgens hellwach und kann das Bett verlassen, ohne den Drang danach zu haben, mich noch mehrmals umdrehen zu müssen.

Ein weiterer positiver Aspekt pflanzlicher Ernährung ist, dass man durchschnittlich viel weniger an Erkältungen oder einer Grippe leidet. Fleisch, obgleich es gerade in Deutschland strengen Kontrollen unterliegt, kann Rückstände von Antibiotika enthalten, so dass man diese Rückstände aufnehmen kann und damit z. B. seiner Darmflora Schaden zufügt.

Auch habe ich meine Blutwerte checken lassen und habe tatsächlich keinen einzigen Mangel, die Auswertung war 1A. Bei einer vollwertigen pflanzlichen Ernährung sind Nährstoffmängel selten, Vitamin B_{12} muss jedoch meist zusätzlich eingenommen werden. Hier gibt es aber kein allgemeingültiges Vorgehen. Am besten ist es, dies individuell durch den eigenen Arzt abklären zu lassen und zusammen, sollte es notwendig sein, benötigte Nahrungsergänzungsmittel festzulegen.

Für meine mentale Gesundheit ist mir die vegane Ernährung sehr wichtig geworden. Dass ich nicht zum Tierleid beitrage, was mit dem Konsum von Fleisch- und Milchprodukten einhergeht, ist wohl einer der wichtigsten Aspekte für mich. Tatsachen, die ich, genau wie die positiven Seiten für den Umweltschutz, auf den vorherigen Seiten erläutert habe.

Ihr seht: Es gibt so viele Vorteile bei einer veganen Ernährung, dass ich nicht mehr darauf verzichten möchte. Aber natürlich möchte ich auch unterstreichen, dass jeder von uns seine eigene Reise geht. Tut das, was sich für euch gut und richtig anfühlt, und fühlt euch nicht bedrängt, etwas oder jemandem folgen zu müssen. Ausprobieren und sehen, was einem guttut – das ist mit Sicherheit ein Weg, mit dem man nichts falsch machen kann.

Ihr seht es ja auch bei mir: In meinem letzten Buch waren Käse und Co. noch ein fester Bestandteil meiner Rezepte, und jetzt hat meine Reise mich zu einem neuen Punkt geführt.

Es ist auch wichtig zu wissen, dass sich bestimmte körperliche Veränderungen, wie z. B. die Veränderung des Geschmackssinns, erst nach einiger Zeit einstellen – dafür bedarf es ein kleines bisschen Geduld!

Ich denke, dass es am wichtigsten ist, sich darüber bewusst zu sein, was und wie man konsumiert. Fühl in dich hinein. Was resoniert mit deinem Körper, mit deinem Denken? Nur weil man zum Beispiel primär vegan isst, heißt es nicht, dass Ausnahmen auf deinem Weg nicht vorkommen können. Darüber darf kein anderer urteilen, du allein entscheidest, wie du deinen Körper nähren möchtest.

Ich wünsche dir ganz viel Spaß und einen guten Hunger auf deiner kulinarischen Reise mit den folgenden Rezepten.

Breakfast
&
Brunch

Süße Quarkkeulchen

»You're always a decision away from a completely different life.«

Die Kartoffeln waschen, schälen, weichkochen und auskühlen lassen, Zitrone schneiden und ¼ auspressen.

Alle Zutaten bis auf das Mehl, die Sultaninen und das Kokosöl in einem Mixer zu einem ebenmäßigen Teig verrühren. Dann das Mehl und die Sultaninen hinzugeben und verrühren, bis der Teig nicht mehr klebt.

Eine großzügige Menge Kokosöl in einer Pfanne erhitzen, sodass die Keulchen gut im Öl sieden können. Für jedes Keulchen jeweils einen großen EL Teig in die Pfanne geben und von beiden Seiten goldbraun ausbacken.

Nach Belieben fertige Keulchen im vorgeheizten Ofen warm stellen, bis alle Keulchen ausgebacken sind.

Je nach Geschmack mit Apfelmus und frischen Früchten servieren. Optional auch mit etwas Puderzucker bestreuen.

 Tipp: Für gesünderen Puderzucker kannst du Birkenzucker (Xylit) in einem Mixer feinpudrig mixen.

2 Portionen

200 g Kartoffeln, mehligkochend

Saft von ¼ Zitrone

200 g veganer Quark

3 EL Kokosblütenzucker

1 TL Backpulver

Mark einer Vanilleschote

Zimt

220 g glutenfreies Mehl

1 Handvoll Sultaninen

Kokosöl

Topping:

Apfelmus

frische Früchte

Puderzucker

Acai Bowl

**»You are a living, loving, breathing being.
Ever-changing, ever-growing.«**

2 Portionen

2 Bananen
2 Medjool-Datteln
2 Blöcke gefrorene Açaí
100 g gefrorene Beeren
2 Handvoll Spinat
150 ml pflanzliche Milch
(z. B. Kokosnussmilch)
2 EL Kakaopulver
Mark einer Vanilleschote

Topping:

2 EL frische Kokosraspeln
(grob)
2 EL Kakaonibs
4 EL selbst gemachtes
Granola (siehe Seite 45)
2 EL Nussbutter
2 EL Kokosnussjoghurt
2 EL Pekannusskerne

Die Bananen schälen, Medjool-Datteln längs aufschneiden und entsteinen und dann mit allen weiteren Zutaten in einen Mixer geben und bis zur gewünschten Konsistenz verrühren.

Die Masse in zwei Dessertschalen aufteilen und anschließend mit den Bestandteilen des vorgeschlagenen Toppings oder einem anderen deiner Wahl garnieren.

Peanutbutter-Chocolate-Granola

»A man is but a product of his thoughts.
What he thinks he becomes.«
MAHATMA GANDHI

Den Backofen auf 170 °C vorheizen.

Die Nüsse mit einem Mörser oder Messer grob zerkleinern, die Bananen schälen und zerdrücken. Dann Bananen und Nüsse mit allen weiteren Zutaten vermischen.

Die Zutaten für die Glasur in einen Topf geben und auf mittlerer Hitze circa 2 Minuten unter Rühren erwärmen, dann über die trockenen Zutaten geben und alles gut vermengen, bis das Granola leicht feucht ist.

Das Granola auf ein mit Backpapier ausgelegtes Blech geben und circa 12 Minuten backen, bis es golden ist. Komplett auskühlen lassen, dann die Schokoladenchips hinzugeben.

Schmeckt super lecker als Snack, auf Joghurts, Müsli, Smoothie Bowls oder Salaten.

In ein schönes Weckglas gefüllt wird es zum wunderbaren, kleinen Geschenk.

Tipp: Nüsse variieren oder einige Trockenfrüchte hinzugeben, und schon verpasst du deinem Granola eine neue Note :-)

6–12 Portionen

Trockene Zutaten:
50 g Pekannusskerne
50 g Walnusskerne
50 g geschälte Mandeln
2 Bananen
300 g glutenfreie Haferflocken
50 g Hanfsamen
50 g Sonnenblumenkerne
50 g Leinsamen
40 g Kakaonibs
180 g Erdnussbutter

Glasur:
10 EL Kokosöl
10 EL Ahornsirup
2 TL Zimt
1 TL Mark einer Vanilleschote
Salz

Topping:
Schokoladenchips

Pesto-Brot

»Nature does not hurry, yet everything is accomplished.«
LAOTSE

2 Portionen

2 große Scheiben Brot
(z.B. Sauerteig)

Olivenöl

Salz, Pfeffer

1 Zweig frischer Thymian

½ Zwiebel

1 Knoblauchzehe

100 g frische Tomaten

½ TL Chilipulver

100 g veganer Feta

1 Handvoll Basilikumblätter

Balsamico-Creme

Selbst gemachtes Pesto:

½ Zitrone

100 g sonnengetrocknete
Tomaten

60 ml Öl (ggf. Öl der
getrockneten Tomaten
verwenden)

50 g Cashewkerne

2 EL Hefeflocken

2 Knoblauchzehen

1 EL Balsamico-Creme

½ TL Rosmarin

½ TL Thymian

Salz, Pfeffer

Das Brot mit etwas Olivenöl, Salz, Pfeffer und frischem Thymian bestreuen und in einer Pfanne anrösten.

Zwiebel und Knoblauch schälen, fein hacken und glasig anbraten. Tomaten in kleine Stücke schneiden, dazugeben und auf mittlerer Stufe 3 bis 5 Minuten anbraten. Etwas Salz, Pfeffer, Chili und Olivenöl hinzufügen, dann die Tomatenmischung beiseitestellen.

Für das Pesto den Saft der Zitrone auspressen und mit allen weiteren Zutaten in einem Hochleistungsmixer vermischen, bis eine cremige Konsistenz erreicht ist.

Das Brot zunächst mit dem Pesto bestreichen, dann mit der Tomatenmischung, zerkleinertem Feta und Basilikum toppen.

Optional etwas Balsamico-Creme und Olivenöl on top geben.

 Tipp: Auch ein perfekter Starter zu einer leckeren Pasta oder einem Auflauf. Und das Pesto Rosso ist natürlich auch als Dip oder Pastasauce perfekt einsetzbar. Ein leckerer Allrounder.

Vegan Scrambled Eggs

»Unser Körper ist die Harfe unserer Seele.«
KHALIL GIBRAN

Die Tomaten waschen und in kleine Stücke schneiden.

Zwiebel und Knoblauch schälen, fein hacken und in einer Pfanne in etwas Kokosöl anbraten. Tofu mit den Fingern grob in etwa „rühreigroße" Stücke zupfen und dazugeben. Gewürze hinzufügen und alles zusammen etwa 8 bis 10 Minuten braten.

Milch zusammen mit Tomaten und frischem Thymian während der letzten 2 bis 3 Minuten dazugeben.

Dann das Rührei beiseitestellen.

In einer Pfanne das Brot in etwas Olivenöl leicht rösten.

Das geröstete Brot auf zwei Teller legen, das Rührei darauf verteilen, mit Kräutern garnieren und warm servieren.

Tipp: Du kannst auch geräucherten Tofu nehmen, falls du kein Paprikagewürz hast – die Stücke werden dann eventuell ein wenig gröber, es schmeckt aber genauso fantastisch.

2 Portionen

100 g frische Tomaten

1 Zwiebel

1 Knoblauchzehe

Kokosöl

400 g Tofu

1 TL Kurkuma

1–2 TL Kala-Namak-Salz

1–2 TL geräuchertes Paprikapulver

Pfeffer, Salz

100 ml pflanzliche Milch

2–3 frische Zweige Thymian

2 große Scheiben Brot (z.B. Sauerteig)

Olivenöl

Optional:
etwas Kreuzkümmel, Chili

Peanutbutter-Chocolate-Pancakes

»Being in harmony with others comes
as a result of being in harmony within.«

2 Portionen

2 reife Bananen

100 g Haferflocken, mehlig zerkleinert

50 g Mandeln, mehlig zerkleinert

150 ml pflanzliche Milch

Salz

2 EL Chiasamen

2 EL Ahornsirup

2 EL Kakaopulver

2 EL Erdnussbutter

Mark einer Vanilleschote

1 EL Backpulver

1 EL Apfelessig

Kokosöl

Topping:

1 Banane

Zimt

Kokosöl

1 EL Ahornsirup

1 EL Erdnussbutter

1 EL Erdnüsse

1 EL Kakaonibs

Die Bananen schälen, mit einer Gabel zerdrücken und mit allen weiteren Zutaten für den Pancake-Teig in einer Schüssel zu einem Teig verrühren. Den Teig 5 bis10 Minuten ziehen lassen, sodass die Chiasamen aufquellen.

Kokosöl in einer Pfanne erhitzen. Je Pancake jeweils einen vollen EL Teig in die Pfanne geben und die Pancakes bei mittlerer Hitze 2 bis 3 Minuten von jeder Seite braten, bis sie goldbraun sind.

Für das Topping eine geschälte Banane halbieren, mit etwas Zimt bestreuen und in Kokosöl circa 2 Minuten auf jeder Seite anbraten.

Die Pancakes auf zwei Teller verteilen und mit je einer karamellisierten Bananenhälfte, Ahornsirup, Erdnussbutter, zerkleinerten Erdnüssen und Kakaonibs toppen.

Baked Apple Oatmeal

»Remember, when you forgive you heal,
and when you let go you grow.«

Den Backofen auf 170 °C vorheizen.

Die Äpfel halbieren, entkernen, in mundgerechte Stücke schneiden und mit allen weiteren Zutaten zu einer cremigen Masse vermengen und in eine eckige Backform geben (ca. 26 × 20 cm).

Nach Belieben mit fein geschnittenen Apfelscheiben und etwas Kokoszucker dekorieren. Anschließend im Ofen 35 bis 40 Minuten goldbraun backen.

Das fertige Oatmeal frei nach Wunsch mit Joghurt, Nüssen oder Trockenfrüchten deiner Wahl toppen und servieren.

Tipp: Wenn es mal schneller gehen soll, kannst du zuerst Haferflocken, pflanzliche Milch, Zimt, Vanille und Salz in einem Topf auf mittlerer Hitze 5 Minuten aufkochen lassen. Mit den weiteren Zutaten vermengt reduziert sich die Backzeit dann auf 20 Minuten.

4 Portionen

2 Äpfel
240 g feine Haferflocken
500 ml pflanzliche Milch
1 EL Leinsamen
1 EL Chiasamen
30 g Cranberry
30 g Rosinen
150 g Apfelmus
50 ml Ahornsirup
1 EL Kokosöl
1 TL Zimt
Mark einer Vanilleschote
1 TL Backpulver
Salz

Optional:

pflanzlicher Joghurt,
Nüsse und Trockenfrüchte

Veganer Kaiserschmarrn

»Dein Wert liegt darin, wer du bist, nicht was du besitzt.«
THOMAS ALVA EDISON

2 Portionen

2 EL Wasser
1 EL geschrotete Leinsamen
150 g glutenfreie Haferflocken
1 EL Backpulver
Salz
1 EL Kokosblütenzucker
250 ml pflanzliche Milch
1 EL Kokosöl
1–2 EL Zitronensaft
Mark einer Vanilleschote
2 Handvoll Rosinen

Weitere Zutaten:
Kokosblütenzucker
Kokosöl

Topping:
Apfelmus
Beeren-Mix
Puderzucker

Leinsamen in Wasser 2 Minuten quellen lassen.

Haferflocken zu Mehl mahlen, mit Backpulver, Salz und Kokosblütenzucker vermengen und gequollene Leinsamen dazugeben. Milch, Kokosöl, Zitronensaft und Vanille vermischen, zum Haferflockenmehl hinzugeben und alles zu einem glatten Teig verrühren.

In einer Pfanne 2 EL Kokosöl erhitzen, Teig hineingeben und auf mittlerer Hitze etwa 4 bis 5 Minuten backen. Rosinen dazugeben, Pfannkuchen vierteln, die Stücke wenden und auf der anderen Seite ebenfalls goldbraun backen. Anschließend mit einem Schieber weiter grob zerteilen.

Mit Apfelmus oder heißen Beeren servieren. Nach Wunsch mit Puderzucker bestreuen.

Tipp: 2 EL Kokosblütenzucker und 2 EL Kokosöl vermengen, über den Kaiserschmarrn geben und 2 bis 3 Minuten karamellisieren lassen.

Für gesünderen Puderzucker einfach Birkenzucker (Xylit) in einem Mixer pudrig mixen.

Süßes Früchtebrot

»Everything in moderation, including moderation.«
OSCAR WILDE

Den Backofen auf 170 °C vorheizen.

Die Bananen schälen und mit einer Gabel zerdrücken. Die Karotten waschen, schälen und fein raspeln. Die Feigen und entsteinten Datteln klein schneiden. Zitrone halbieren und auspressen.

Alle Zutaten bis auf den Zitronensaft in eine Schüssel geben und zu einem ebenmäßigen Teig verrühren, dann den Zitronensaft langsam unterrühren. Den Teig in eine Kastenform (25 cm) geben und im Ofen 30 bis 35 Minuten backen.

Für das Topping in einer Pfanne die Nüsse und Kerne mit Ahornsirup und Zimt in Kokosöl circa 3 Minuten anrösten und über das fertig gebackene Früchtebrot geben. Komplett auskühlen lassen.

10 Portionen

3 kleine Bananen

2 kleine Karotten

1 Handvoll Feigen

1 Handvoll Datteln, entsteint

½ Zitrone

180 g Hafermehl

50 ml pflanzliche Milch

1 Handvoll Sultaninen

1 Handvoll Cranberries

2 EL Apfelmus

60 ml Ahornsirup

1 TL Backpulver

½ TL Natron

3 EL Kokosöl

Zimt

Topping:

100 g gemischte Nüsse

20–30 g Sonnenblumenkerne

2 EL Ahornsirup

Zimt

2 EL Kokosöl

French Toast

»To live is the rarest thing in the world. Most people exist, that is all.«
OSCAR WILDE

2 Portionen

4–6 Scheiben Brot

Panade:

1 reife Banane

250 ml pflanzliche Milch

2 EL Ahornsirup (oder Agavendicksaft)

1 EL Chiasamen (gut gehäuft)

Zimt

Mark einer Vanilleschote

Salz

Kokosblütenzucker

Topping:

150 g Blaubeeren

1 EL Chiasamen

2–4 EL Mandelfrischkäse

2 EL weißes Mandelmus

Die Banane schälen, mit einer Gabel in einer Schüssel zerdrücken und so lange verrühren, bis ihre Konsistenz einem verquirlten Ei gleicht. Die weiteren Zutaten für die Panade hinzugeben und alles zu einem cremigen Teig weiterverarbeiten. Den Teig 5 Minuten ziehen lassen, sodass die Chiasamen aufquellen können.

In einer Pfanne Kokosöl auf mittlerer Stufe erhitzen. Nicht mit dem Kokosöl sparen, damit der French Toast von außen schön knusprig wird.

Brotscheiben für 5 bis 10 Sekunden je Seite in den Bananenteig tunken, sodass sie rundum eingeweicht sind. Anschließend von beiden Seiten goldbraun rösten, dann etwas Kokosblütenzucker hinzugeben, kurz karamellisieren und den Toast darin erneut von beiden Seiten kurz rösten.

Für das Topping die Blaubeeren in einem Topf zusammen mit den Chiasamen kurz erhitzen und anschließend etwas ziehen lassen.

French Toast mit Topping, Mandelfrischkäse und Mandelmus garnieren und genießen.

Summer Porridge

»Life isn't promised to us. We're blessed every day by simply being able to rise in the morning.«

Die Mango und die Banane schälen, Mango in kleine Stücke und Banane in Scheiben schneiden.

Milch erhitzen, Haferflocken, Leinsamen, Zimt und Vanille hinzugeben und kurz zu einem Porridge aufkochen und beiseitestellen. Je mehr Milch, desto cremiger und leichter wird dein Porridge.

In einer Pfanne Kokosöl erhitzen und die Bananenstücke auf mittlerer Stufe von beiden Seiten circa 3 bis 4 Minuten goldbraun anbraten.

Nüsse und Kerne 2 bis 3 Minuten ohne Öl in einer weiteren Pfanne bei mittlerer Hitze ebenfalls goldbraun rösten.

Porridge in eine Schüssel geben und mit der karamellisierten Banane, Mangostückchen, gerösteten Nüssen und, falls gewünscht, etwas Joghurt und Nussbutter garnieren.

2 Portionen

½ Mango

1 Banane

300 ml pflanzliche Milch

110 g glutenfreie Haferflocken

2 EL Leinsamen

Zimt

Mark einer Vanilleschote

Kokosöl

1 Handvoll Sonnenblumenkerne

1 Handvoll Pekannusskerne

Optional:

pflanzlicher Joghurt, Nussbutter

Tipp: Auch ein ideales Frühstück to go. Das Porridge einfach etwas auskühlen lassen und schon kann es perfekt in einem Weckglas oder in einem alten Marmeladen- oder Kokosölglas mitgenommen werden.

Lunch

&

Dinner with Friends

Sellerie-Steak

»Find the bravery to be bad in something new.«

Sellerie waschen und schälen, 15 bis 20 Minuten blanchieren und anschließend in circa 1 cm dicke Scheiben schneiden. Schalotten schälen, Birne waschen und entkernen, Fenchel waschen und diese Zutaten ebenfalls in Scheiben schneiden.

Alle Zutaten für die Creme und für die Panade jeweils in einem tiefen Teller zusammengeben.

Selleriescheiben zuerst in die Creme und dann in die Panade legen, bis sie vollständig ummantelt sind. In einer Pfanne die Sellerie-Steaks in Kokosöl auf mittlerer Stufe etwa 3 Minuten pro Seite goldbraun braten.

In einer weiteren Pfanne die Schalotten in Öl bei mittlerer Hitze dünsten, die Fenchelscheiben dazugeben und abgedeckt circa 6 bis 7 Minuten garen. Thymian vom Zweig zupfen und mit allen weiteren Zutaten für den karamellisierten Fenchel weitere 5 Minuten ohne Deckel braten. Regelmäßig umrühren.

2–3 Portionen

1 großer Knollensellerie
Kokosöl

Karamellisierter Fenchel:

2 Schalotten

1 Birne

2 Knollen Fenchel

2 EL Sesamöl

1–2 Zweige frischer Thymian

½ TL Kreuzkümmel

1 EL Kokosblütenzucker

1 EL Honig

Salz, Pfeffer

Creme:

50 g glutenfreies Mehl

80 ml pflanzliche Milch

1 TL Aglio-Olio-Gewürz

½ TL Paprikapulver, geräuchert

1 TL Italienische Kräuter

Salz, Pfeffer

Panade:

2 EL Hefeflocken

35 g Paniermehl

1 TL edelsüßes Paprikapulver

1 TL geräuchertes Paprikapulver

Salz, Pfeffer

Linsensalat

**»Weise ist der Mensch, der Dingen nicht nachtrauert,
die er nicht besitzt, sondern sich der Dinge erfreut, die er hat.«**
EPIKTET

Für 2 Personen

1 Zwiebel

1 Knoblauchzehe

1 Glas schwarze Oliven

1 Zucchini

1 Zweig frischer Thymian

1 Zweig frischer Rosmarin

200 g Linsen

400 ml Gemüsebrühe

1 TL Oregano

200 g Rucola

1 Glas Artischocken

2 EL Olivenöl

2–3 EL selbst gemachtes grünes Pesto (siehe Seite 123)

Pfeffer, Salz

30 g Sonnenblumenkerne

30 g Kürbiskerne

30 g Pinienkerne

Zwiebeln und Knoblauch schälen und fein hacken, Oliven entsteinen und halbieren, Zucchini in 1 cm dicke Scheiben schneiden und vierteln. Thymian und Rosmarin waschen und von den Zweigen zupfen.

Linsen nach Packungsanleitung in Gemüsebrühe kochen und auskühlen lassen.

In einer Pfanne Zwiebel und Knoblauch auf mittlerer Hitze 1 bis 2 Minuten dünsten. Zucchini, Gewürze und Kräuter dazugeben und weitere 8 bis 10 Minuten goldbraun braten.

In einer Schüssel die Linsen, das fertig gebratene Gemüse, den Rucola, die Artischocken, das Öl, das selbst gemachte Pesto und weitere Kräuter hinzugeben und mit Pfeffer und Salz abschmecken. Gut vermischen. Mit Sonnenblumen-, Kürbis- und Pinienkernen garnieren. Servieren und: guten Appetit!

Warmer
Mango-Quinoa-Salat

»No one sees what you see, even if they, too, see it.«

Für 2 Personen

2 Schalotten
1 frische Mango
2 Handvoll Rucola
4 Medjool-Datteln
2 Süßkartoffeln

Den Backofen auf 180 °C vorheizen.

Schalotten schälen und klein schneiden, Mango schälen und in kleine Würfel schneiden, Rucola waschen, Medjool-Datteln entsteinen und klein schneiden, Süßkartoffeln schälen und in kleine Würfel schneiden, Tomaten waschen und vierteln, Feta klein schneiden.

Quinoa in Gemüsebrühe 15 bis 20 Minuten kochen.

Die Süßkartoffeln mit etwas Öl, süßem Curry, Thymian und 1 EL Agavendicksaft durchmischen und auf einem mit Backpapier ausgelegten Blech circa 25 Minuten backen.

In einer Pfanne die Schalotten 3 bis 4 Minuten dünsten, dann die Tomaten hinzugeben. Mit Sojasoße ablöschen, 2 EL Agavendicksaft und Kokosblütenzucker hinzugeben und weitere 5 Minuten bei mittlerer Hitze karamellisieren lassen.

In einer weiteren Pfanne Walnusskerne 3 bis 4 Minuten mit 1 EL Agavendicksaft anrösten.

Karotten schälen und in Scheiben schneiden. Koriander und Petersilie fein hacken.

Alle Zutaten für das Dressing in einer Schüssel verrühren.

Quinoa mit Süßkartoffeln, karamellisierten Tomaten, Nüssen, Datteln, Mango, Karottenscheiben, Feta und Rucola in eine Schüssel geben und das Dressing unterrühren. Mit Salz und Pfeffer abschmecken. Mit Balsamico-Creme, Koriander und Petersilie garnieren.

300 g Tomaten
200 g veganer Feta
200 g Quinoa
400 ml Gemüsebrühe
Öl
1–2 TL süßes Curry-Gewürz
1 Zweig frischer Thymian
4 EL Agavendicksaft
1–2 EL Sojasoße
2 EL Kokosblütenzucker
2 Handvoll Walnusskerne
1 Karotte
1 Stängel frischer Koriander
1 Stängel frische Petersilie
2 EL Balsamico-Creme
Salz, Pfeffer

Dressing:
2 EL veganer Quark
2 EL Honig
1 EL Senf
3–4 EL Olivenöl
1 TL Ras-el-Hanout
½ TL Kreuzkümmel

Trüffeliges Pfifferling-Risotto

»You are your home. Take care of yourself.«

Für 2 Personen

2 Schalotten

2 rote Zwiebeln

1 Knoblauchzehe

200 g Pfifferlinge

1 Zweig frischer Thymian

1 Zweig frischer Rosmarin

200 g Risotto-Reis

1 Glas Weißwein

400 ml Gemüsebrühe

Kokosöl

Salz, Pfeffer

1 EL Sojasoße

1 EL Kokosblütenzucker

2 Handvoll Pinienkerne

1 Handvoll frischer Salbei (ca. 10 Blätter)

50 ml pflanzliche Milch

200 ml pflanzliche Sahne (z.B. Reissahne)

2 EL Hefeflocken

4 EL Trüffelöl

2 Handvoll Rucola

2 EL Kürbiskernöl

Optional
(aber sehr empfohlen): frischer (Sommer-)Trüffel

Schalotten und Zwiebeln schälen und in Ringe schneiden, Knoblauch schälen und fein hacken, Pfifferlinge abbürsten, Thymian und Rosmarin vom Zweig zupfen.

In einer Pfanne eine Schalotte und den Knoblauch 1 bis 2 Minuten dünsten. Risotto-Reis hinzugeben, 2 bis 3 Minuten anbraten und mit Wein ablöschen. Gemüsebrühe hinzufügen und 20 Minuten köcheln.

In einer weiteren Pfanne die zweite Schalotte 2 Minuten in Kokosöl dünsten. Pfifferlinge hinzugeben und 7 bis 8 Minuten kräftig anbraten. Kräuter, Salz und Pfeffer dazugeben.

In einer weiteren Pfanne die Zwiebelringe 2 Minuten in Kokosöl dünsten. Mit Sojasoße ablöschen, Kokosblütenzucker hinzugeben und 2 bis 3 Minuten karamellisieren.

Optional in einer weiteren Pfanne die Pinienkerne und Salbeiblätter 2 bis 3 Minuten ohne Öl anrösten.

Milch, Sahne, Hefeflocken und 2 EL Trüffelöl zum Reis geben und circa 5 Minuten köcheln, bis der Reis cremig ist.

Reis auf die Teller geben, mit Pfifferlingen, Rucola, Kürbiskern- und Trüffelöl toppen und mit den angerösteten Pinienkernen und knusprigen Salbeiblättern garnieren.

Optional vor dem Servieren Trüffel über die Paste hobeln.

Trüffel-Pasta

**»Beherzt ist nicht, wer keine Angst kennt,
beherzt ist, wer die Angst kennt und sie überwindet.«**
KHALIL GIBRAN

Zwiebel und Knoblauch schälen und fein hacken. Pilze sanft bürsten und vierteln.

Pasta nach Packungsanleitung kochen.

In einer Pfanne Zwiebel und Knoblauch in Kokosöl dünsten. Pilze dazugeben und goldbraun braten. Salbei und Gewürze hinzufügen. Nach 1 bis 2 Minuten Sahne, Milch und Hefeflocken hinzugeben und 2 bis 3 Minuten aufkochen lassen. Anschließend Pasta und Spinat untermischen.

Vor dem Servieren Trüffel über die Pasta hobeln und mit Trüffelöl verfeinern.

Für 2 Personen

1 Zwiebel

1 Knoblauchzehe

600 g Pilze (Austernpilze, Shiitakepilze, Pilzmischung)

300 g vegane Pasta (Tagliatelle)

Kokosöl

1 Handvoll frische Salbeiblätter

Salz, Pfeffer

250 ml Reissahne

50 ml Reismilch

2 EL Hefeflocken

200 g Blattspinat

1 Knolle frischer (Sommer-)Trüffel

2 EL Trüffelöl

Veganes Mac and Cheese

»Great things never come from comfort zones.«

Für 6 Personen

2 Packungen glutenfreie Makkaroni (z. B. Erbsen-Spirelli)

Soße:

2 Zwiebeln

2 Knoblauchzehen

2 große Kartoffeln (250 g)

1 Karotte (ca. 100 g)

1–2 EL vegane Butter (oder Olivenöl)

Canellini Bohnen (aus der Dose, 240 g Abtropfgewicht)

250 ml pflanzliche Milch

250 g Gemüsebrühe

100 g Cashewkerne

3 EL Hefeflocken

½ Zitrone

1 TL geräuchertes Paprikapulver

½ TL Kreuzkümmel

½ TL Muskatnuss

Salz, Pfeffer

Topping:

Hefeflocken

1 Packung veganer Streukäse

Maisbrösel

Nudeln nach Packungsanleitung kochen.

Zwiebeln und Knoblauchzehen schälen und fein hacken.

Kartoffeln und Karotte waschen, schälen und circa 15 Minuten kochen. Knoblauch und Zwiebeln in Butter oder Öl 3 bis 4 Minuten dünsten. Anschließend alle Zutaten im Mixer pürieren, bis die Soße cremig ist.

Die Nudeln in eine große Auflaufform geben, Soße darübergeben und entweder direkt servieren oder mit Hefeflocken, veganem Käse und Maisbröseln bestreuen und weitere 20 bis 25 Minuten bei 180 °C backen.

Kartoffel-Variationen

»Every next level of your life will demand a different you.«

400 g Kohlrabi

1 große Süßkartoffel
(ca. 250 g)

1 große Kartoffel (ca. 250 g)

3 mittelgroße Karotten
(ca. 200 g)

4 EL Olivenöl

Pommesgewürz (Paprika,
Kümmel, Salz, Pfeffer,
Koriandersaat, Senfsaat)

NICE FRIES

Den Backofen auf 180 °C vorheizen.

Kohlrabi, Süßkartoffel, Kartoffeln und Karotten waschen, schälen und in circa 1 cm dicke Stifte schneiden. In einer Schüssel mit Öl und Gewürzen vermischen und auf einem mit Backpapier ausgelegten Backblech 30 bis 35 Minuten backen. Je mehr Platz zwischen den einzelnen Pommes ist, umso knuspriger werden sie.

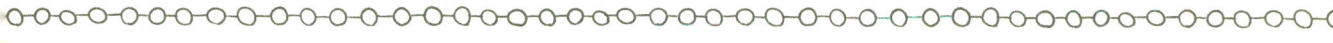

BEST SMASHED POTATOES

Kartoffeln waschen und ungeschält circa 20 Minuten kochen, bis sie weich sind.

Den Backofen auf 180 °C vorheizen.

Die gekochten Kartoffeln mit kaltem Wasser abschrecken, auf einem Backblech auslegen und mit einer Gabel leicht zerdrücken. Mit Olivenöl, Aceto balsamico, Honig, Maissemmelbrösel und den restlichen Gewürzen und Kräutern garnieren. In eine Auflaufform geben und in 15 Minuten goldbraun backen.

800 g mehligkochende Kartoffeln

Olivenöl

1 EL Aceto balsamico

2 EL Honig

3 EL Maissemmelbrösel

1 TL Kreuzkümmel

1 TL Kümmel

1 TL Pul-Biber-Gewürz

1–2 TL Aglio-Olio-Gewürz

1 TL geräuchertes Paprikapulver

1 Zweig frischer Thymian

1 Zweig frischer Rosmarin

Salz, Pfeffer

KNUSPRIGE KARTOFFELKÜCHLEIN

Karotten und Kartoffeln waschen und in circa 20 Minuten weich kochen. Abkühlen lassen und Schale von den Kartoffeln abziehen.

Den Backofen auf 180 °C vorheizen.

Alle Zutaten bis auf das Kokosöl in einem Mixer zu einem ebenmäßigen Teig verarbeiten.

Maisbrösel auf einen Teller geben. Einen EL Teig in die Brösel dippen und das Küchlein auf der panierten Seite in einer Pfanne bei mittlerer Hitze in reichlich Kokosöl goldbraun braten. Währenddessen Maisbrösel auf die oben liegende Seite streuen, Küchlein umdrehen und nochmals goldbraun backen.

Im Backofen alle Küchlein für weitere 10 Minuten backen.

Tipp: Superlecker mit all den tollen Dips von Seite 123.

2 Karotten (ca. 150 g)

750 g Kartoffeln

80 g glutenfreies Mehl

30 g veganer Käse

20 g Hefeflocken

1 Schalotte

1 Stängel frische Petersilie

½ TL Muskatnuss

½ TL Kreuzkümmel

½ TL Kümmel

½ TL edelsüßes Paprikapulver

½ TL rosa Pfeffer, gemahlen

Salz, Pfeffer

2 EL Kokosöl

Zum Panieren:

Maisbrösel

Mediterrane Bowl

»Yesterday I was clever, so I wanted to change the world.
Today I am wise, so I am changing myself.«

RUMI

Für 2 Personen

2 Zwiebeln

2 Knoblauchzehen

1 Aubergine

1 Zucchini

100 g Oliven

1 Zitrone

200 g Tomaten

1 Gurke

100 g getrocknete Tomaten

1 Tasse brauner Reis

2 Tassen Gemüsebrühe

Olivenöl

2 TL Oregano

2 TL Thymian

Salz, Pfeffer

2 EL Maisbrösel

2 EL Hefeflocken

2 Handvoll frischer Salat

Dressing:

2 TL Oregano

2 TL Thymian

Salz, Pfeffer

Olivenöl

Zwiebeln und Knoblauch schälen und fein hacken, Aubergine waschen und in kleine Würfel schneiden, Zucchini in 1 cm dicke Scheiben schneiden und vierteln, Oliven entsteinen und halbieren, Zitrone halbieren und entsaften.

Für den Salat: Tomaten, Gurke und getrocknete Tomaten klein schneiden.

Reis im Verhältnis 1:2 in Gemüsebrühe nach Packungsanleitung kochen. Anschließend mit 2 EL Olivenöl, Kräutern, Salz und Pfeffer abschmecken.

In einer Pfanne Knoblauch und Zwiebeln circa 1 Minute dünsten. Aubergine mit reichlich Öl dazugeben und circa 4 bis 5 Minuten braten. Zucchini hinzufügen weitere 4 bis 5 Minuten braten. Maisbrösel und Hefeflocken hinzugeben und 1 bis 2 Minuten braten.

Alle Zutaten für das Salatdressing zusammengeben.

In eine Bowl Reis, gebratenes Gemüse, Oliven, etwas Salat, die frischen Tomaten, Gurke und getrockneten Tomaten hineingeben und mit dem Dressing toppen.

 Tipp: Perfekt passt dazu auch der Tzaziki-Dip von Seite 123

Herbstlicher Salat

**»When you are content to be simply yourself
and don't compare or compete, everyone will respect you.«**
LAOTSE

Den Backofen auf 180 °C vorheizen.

Gemüse und Salat waschen. Paprika entkernen, Süßkartoffel schälen. Gemüse in bissgroße Stücke schneiden, alle Gewürze und Öle hinzugeben und damit vermischen.

Alles in eine Auflaufform oder auf ein mit Backpapier ausgelegtes Blech geben und circa 25 Minuten backen. Je nach Belieben das Gemüse entweder auskühlen lassen oder noch warm servieren.

Alle Zutaten für das Dressing zusammengeben.

Salat mit Gemüse und Dressing toppen und mit etwas Kürbiskernöl verfeinern.

Für 2 Personen

1 großer Salatkopf
1 gelbe Paprika
1 Süßkartoffel
2 Karotten
1 TL Pul-Biber-Gewürz
1 TL Ingwerpulver
1 TL Kreuzkümmel
1 TL Kümmelsamen
1 TL Kurkuma
Sesamöl
Sonnenblumenöl

Dressing:

2 EL Mandeljoghurt
1 EL geröstetes Sesamöl
1 EL Honig
1 EL Tahini
1 EL Wasser
½ TL Ingwerpulver
1 TL Kümmelsamen
1 TL Kreuzkümmel
1–2 TL süßes Curry-Gewürz
Salz, Pfeffer
2 EL reines Kürbiskernöl

Kürbis auf Kurkuma-Quinoa

**»You are the creator of your reality.
It can either be your cage or your field.«**

Für 2 Personen

½ Kürbis (Hokkaido)
2 EL Ahornsirup
1 EL Öl
1 TL Zimt
150 g Quinoa
300 ml Gemüsebrühe
2 TL Kurkuma
100 g Salat
20 g Haselnusskerne
20 g Kürbiskerne

Soße:
2 EL veganer Quark/Joghurt
1 EL Tahini
3 EL Kürbiskernöl
1 EL Honig
½ TL Senf
⅓ TL Kreuzkümmel
Zimt
Salz, Pfeffer

Dressing:
1 EL Tahini
2 EL Kürbiskernöl
1 TL Honig
⅓ TL Zimt

Den Backofen auf 180 °C vorheizen.

Den Kürbis waschen, entkernen und in dünne Scheiben schneiden. Mit Ahornsirup, Öl und etwas Zimt vermengen, auf ein Backblech geben und im Ofen circa 30 Minuten bissfest backen.

Quinoa im Verhältnis 1:2 mit Gemüsebrühe und Kurkuma 15 bis 20 Minuten köcheln; regelmäßig umrühren.

Alle Zutaten für die Soße zusammengeben.

Dressing bereiten und mit dem Salat vermengen.

Nüsse und Kerne in einem Topf ohne Öl circa 3 Minuten anrösten.

Kurkuma-Quinoa mit fertigem Kürbis und der Soße anrichten, mit Nüssen und Kernen garnieren, Salat dazugeben und genießen.

Orientalischer Süßkartoffel-Quinoa-Salat

»It's okay to outgrow what is not meant for you anymore.«

Quinoa waschen und circa 15 bis 20 Minuten bei kleiner Hitze in der Gemüsebrühe kochen.

Süßkartoffel schälen und klein schneiden. Karotten waschen, schälen und klein schneiden. Gurke und Aprikosen klein schneiden.

In einer Pfanne die Süßkartoffel in etwas Kokosöl mit allen Gewürzen circa 5 bis 7 Minuten anbraten. Dann die Karotten für weitere 3 bis 4 Minuten hinzugeben. Deckel auf den Topf geben und zwischendurch gut umrühren.

Zuletzt fertigen Quinoa und alle weiteren Zutaten in die Pfanne geben und gut verrühren. Mit Sesamöl abschmecken.

Nach Belieben mit Mandelmus, Granatapfelkernen und frischen Minzblättern garnieren und servieren.

Für 2 Personen

150 g Quinoa

300 ml Gemüsebrühe

1 große Süßkartoffel

2 Karotten

½ Gurke

1 Handvoll getrocknete Aprikosen (ungeschwefelt)

Kokosöl

1 TL Kurkuma

½ TL Knoblauchgewürz

½ TL Ingwerpulver

1 TL Zimt

1 TL Kreuzkümmel

Salz, Pfeffer

½ Stängel Petersilie

1 Handvoll geröstete Mandeln

1 Handvoll Cranberries

geröstetes Sesamöl

Topping:

2 TL Mandelmus

Granatapfelkerne

frische Minze

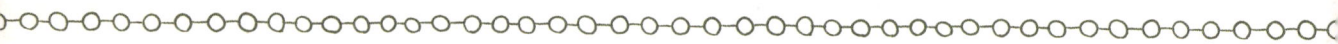

Rösti à la Lizzy

»Was du denkst, bist du. Was du bist, strahlst du aus.
Was du ausstrahlst, ziehst du an.«
BUDDHA

Für 2–4 Personen

500 g Kartoffeln
500 g Süßkartoffeln
2 große gelbe Zwiebeln
100 g glutenfreies Mehl
50 ml Agavendicksaft
50 g Kokosblütenzucker
edelsüßes Paprikapulver
Knoblauchgewürz
Muskatnuss
Salz, Pfeffer
Olivenöl

Topping:
Apfelmus

Den Backofen auf 180 °C vorheizen.

Kartoffeln waschen, schälen, klein raspeln und das Wasser mithilfe eines Küchentuches aus den Kartoffeln drücken. Zwiebeln schälen und klein schneiden.

Kartoffeln, Zwiebeln und alle weiteren Zutaten zu einem Kartoffelteig vermischen.

Für eine Rösti 2 EL Teig in eine Pfanne mit erhitztem Öl geben, mit einem Pfannenwender leicht platt drücken und etwa 5 Minuten auf jeder Seite auf mittlerer Stufe goldbraun braten.

Die fertigen Rösti auf einem Blech im Ofen warm halten.

Mit Apfelmus servieren.

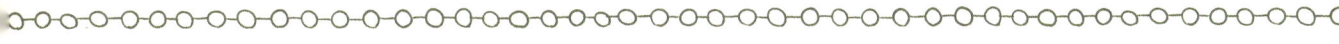

Rote-Bete-Apfel-Salat

»Be the change you wish to see.«
MAHATMA GANDHI

Die Rote Bete klein schneiden, die Äpfel waschen, entkernen und in kleine Stücke schneiden, Spinat waschen.

Alle Zutaten mit den frischen Kräutern vermengen, Walnüsse, Mandeln und Sultaninen und/oder Cranberries hinzugeben, mit etwas Salz und Pfeffer bestreuen.

Die Zutaten für das Dressing in einer kleinen Schüssel vermengen und dann in den Salat unterrühren.

Mit Körnerbrot servieren – guten Appetit!

Für 2 Personen

400 g Rote Bete, gekocht und geschält

2 Äpfel

100 g frischer Blattspinat

1 Zweig frischer Rosmarin

1 Zweig frischer Thymian

Walnusskerne

60 g Mandeln

1 Handvoll Sultaninen/ Cranberries

Salz, Pfeffer

Dressing:

100 g veganer Naturjoghurt

2 EL Sesamöl

2 EL Agavendicksaft/ Ahornsirup

2 EL Mandelmus/Tahini

½ TL Zimt

1 TL Kreuzkümmel

91

Gebackener Blumenkohl

»Happiness is the only thing that multiplies when you share it.«
ALBERT SCHWEITZER

Für 2 Personen

1 Blumenkohl

Salz, Zucker

2 EL Olivenöl

2 EL Honig

2–3 EL glutenfreies Mehl

2 EL Kokosblütenzucker

1 EL Aceto balsamico

1 TL gemahlener Kreuzkümmel

½ TL Zimt

½ TL Knoblauchgewürz

1 Zweig frischer Thymian

Den Backofen auf 180 °C vorheizen.

Den Blumenkohl waschen, in größere Röschen zerteilen und in nur wenig und leicht gesalzenem und gezuckertem Wasser 6 bis 8 Minuten garen.

Alle restlichen Zutaten für die Soße bis auf den Thymian in einer Schüssel vermischen.

Den gekochten Blumenkohl mit der dickflüssigen Soße bestreichen, in eine Auflaufform legen, Thymian hinzugeben und etwa 20 Minuten im Ofen backen.

 Tipp: Serviere den Blumenkohl mit dem Gemüse der Crispy Tofu Curry Bowl auf Seite 105 oder einer Kartoffelbeilage der Seiten 78/79.

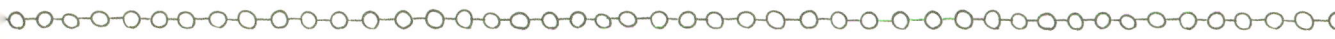

Kartoffelgratin

»Manifest plainness, embrace simplicity, reduce selfishness, have few desires.«

LAOTSE

Den Backofen auf 180 °C vorheizen.

Kartoffeln und Knollensellerie waschen, schälen und in dünne Scheiben schneiden. Brokkoli waschen und in kleine Röschen zupfen – gerne auch den Stamm verwerten und ebenfalls in dünne Scheiben schneiden.

In einem Topf Butter schmelzen, Mehl hinzufügen, mit einem Schneebesen verrühren und unter ständigem Weiterrühren Milch hinzugeben sowie alle Kräuter und Gewürze. Die Soße kurz aufkochen, bis sie eindickt.

Das Gemüse in einer großen Schüssel mit Olivenöl vermengen und in eine Auflaufform füllen. Die Soße über dem Gemüse verteilen und nach Wunsch weitere Kräuter und Gewürze darübergeben.

Mit veganem Käse bestreuen und 35 bis 40 Minuten backen. Hefeflocken darüberstreuen und weitere 5 bis 10 Minuten backen.

Für 4–6 Personen

1 kg Kartoffeln
1 Knollensellerie
1 Brokkoli
Olivenöl

Mehlschwitze:

70 g vegane Butter
3 EL glutenfreies Mehl
600 ml pflanzliche Milch
2 Zweige Rosmarin
2 Zweige Thymian
Muskatnuss
Kreuzkümmel
Kümmel
Salz, Pfeffer

Weitere Zutaten:

Veganer Streukäse
(z. B. Simply V)
2–4 EL Hefeflocken

Asiatische Erdnussnudeln

»Die einzige Konstante im Leben ist die Veränderung.«
HERAKLIT

Für 2 Personen

1 Zwiebel
1 Knoblauchzehe
1 walnussgroßes Stück Ingwer
1 rote Paprika
200 g Shiitakepilze
1 Zucchini
Kokosöl
200 ml Kokosmilch
(aus der Dose)
2 EL Sesamöl
200 g Reisnudeln

Soße:
2 EL Erdnussbutter
2 EL Sesamöl
1–2 EL Tamari
50 g Erdnüsse, grob gehackt
2 EL Dattelsirup
(alternativ Agavendicksaft)
2 Handvoll frischer Koriander
Chilipulver
Knoblauchpulver
Salz, Pfeffer

Topping:
frischer Koriander
Erdnüsse

Zwiebel, Knoblauch und Ingwer schälen und klein schneiden, Gemüse in dünne Streifen schneiden.

In einer Pfanne Zwiebel, Knoblauch und Ingwer 1 bis 2 Minuten in etwas Kokosöl anbraten. Das Gemüse hinzugeben und etwa 7 bis 8 Minuten braten, dann die Kokosmilch und das Sesamöl zum Gemüse geben.

Alle Zutaten für die Soße in einer Schüssel vermengen, zum Gemüse hinzugeben und gut verrühren.

Die Reisnudeln nach Packungsanleitung bissfest kochen.

Optional Erdnüsse in einer Pfanne ohne Öl bei mittlerer Hitze 2 bis 3 Minuten anrösten.

Nudeln in eine Schüssel geben, Gemüsemischung mit der Soße darübergeben und das fertige Gericht mit frischem Koriander und Erdnüssen garnieren.

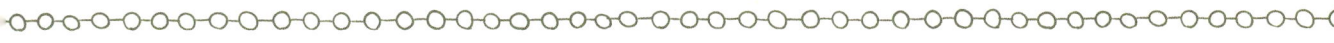

Sweet Salad

» Your task is not to seek for love, but merely to seek and find
all the barriers within yourself that you have built against it.«
RUMI

Den Backofen auf 170 °C vorheizen.

Die Pastinake waschen, schälen und vierteln. Mit Öl und Gewürzen mischen. Auf einem mit Backpapier ausgelegten Blech circa
25 bis 30 Minuten goldbraun backen.

In einer Pfanne Nüsse und Kerne mit Ahornsirup 3 bis 4 Minuten
rösten und leicht karamellisieren.

Alles abkühlen lassen.

Gewaschenen Salat in bissgroße Stücke zupfen, Koriander klein
zupfen. Alle Zutaten für das Dressing zusammenmischen.

In einer Schüssel Salat, Gemüse, geröstete Kerne, Cranberries,
Koriander und das Dressing vermengen.

Für 2 Personen

1 Pastinake
Sesamöl
½ TL Zimt
1 TL Kreuzkümmel
Salz
rosa Pfeffer
1 Handvoll Haselnusskerne
1 Handvoll Sonnen-
blumenkerne
1 Handvoll Mandeln
1 EL Ahornsirup
1 Salatkopf
1 Stängel frischer Koriander
1 Handvoll Cranberries

Dressing:
2 EL Mandeljoghurt
2 EL Tahini
1 EL Wasser
2 EL Sesamöl
2 EL Zitronensaft
1 EL Honig (oder
Reissirup/Kokossirup)
½ TL Kreuzkümmel

Warme mediterrane Linsen

»The way you see others is a reflection of how you see yourself.«

Für 2 Personen

1 Zwiebel

1 Knoblauchzehe

1 rote Paprika

300 g Tomaten

200 g Mangold (oder Spinat)

2 Zweige frischer Thymian

1 Zweig frischer Rosmarin

300 g braune Linsen

Olivenöl

100 ml Reismilch

2 EL Kokosblütenzucker

2 EL Honig (oder Agavendicksaft)

Salz, Pfeffer

100 g veganer Feta

Topping optional:

frische Kräuter

Balsaminco-Creme

Zwiebeln und Knoblauch schälen und fein hacken, Paprika waschen, entkernen und in dünne Scheiben schneiden, Tomaten waschen und vierteln, Mangold waschen und klein zupfen, Thymian und Rosmarin waschen und vom Zweig abzupfen.

Linsen nach Packungsanleitung kochen.

In der Pfanne Zwiebel und Knoblauch 1 bis 2 Minuten anbraten, Paprika hinzugeben und 6 Minuten bei mittlerer Hitze braten. Tomaten und Mangold dazugeben und weitere 3 bis 4 Minuten mit etwas Öl köcheln, bis der Mangold leicht zusammenfällt.

Reismilch, Kokosblütenzucker und Honig sowie Salz und Pfeffer hinzugeben und alles bei mittlerer Hitze 5 bis 10 Minuten köcheln.

Linsen unterrühren. Feta klein zupfen und als Topping garnieren.

Optional mit frischen Kräutern und Balsaminco-Creme garnieren.

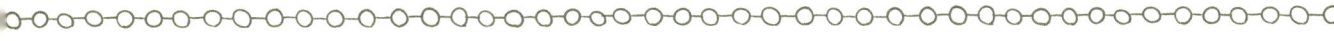

Brokkoli-Pasta

»Wenn du am Morgen erwachst, denke daran, was für ein köstlicher Schatz es ist, zu leben, zu atmen und sich freuen zu können.«
MARC AUREL

Zwiebeln und Knoblauchzehen schälen und klein schneiden, Brokkoli waschen und in Röschen teilen, den Lauch waschen und in circa 1 cm dicke Scheiben schneiden. Bohnen waschen, putzen und klein schneiden.

Nudeln nach Packungsanweisung bissfest kochen. Brokkoli in Salzwasser circa 8 Minuten bissfest kochen.

Zwiebeln und Knoblauch in einer Pfanne in Öl anbraten, Lauch und Bohnen hinzufügen und 6 bis 8 Minuten bei mittlerer Hitze braten. Sahne, Milch, Kokosblütenzucker und Honig sowie Kräuter, Salz und Pfeffer dazugeben und circa 5 Minuten weiterköcheln.

Brokkoli und Nudeln vermengen und servieren.

Für 2 Personen

1 Zwiebel

1 Knoblauchzehe

1 Brokkoli

1 Stange Lauch

200 g Brechbohnen

300 g Pasta

Salz

Olivenöl

100 ml pflanzliche Sahne (z.B. Reissahne)

150 ml pflanzliche Milch

½ Zitrone

2 EL Kokosblütenzucker

2 EL Honig (oder Agavendicksaft)

2 Zweige frischer Thymian

1 Zweig frischer Rosmarin

Pfeffer

103

Crispy Tofu Curry Bowl

»Emotions are energy in motion.«

Tofu abtupfen und in Würfel schneiden. Marinade zubereiten und den Tofu mindestens eine Stunde darin einlegen. Den Backofen auf 170 °C vorheizen.

Zwiebeln und Knoblauch schälen und fein hacken, das Gemüse waschen, Bohnen klein schneiden, die Karotten halbieren, den Lauch in 1 cm dicke Scheiben schneiden, die Mango schälen und kleinschneiden, die Chilischote entkernen und kleinschneiden.

Den Reis waschen und im Verhältnis 1:2 mit Wasser in einem Topf aufkochen, dann nach Zugabe von Kokosmilch und Gewürzen bei mittlerer Hitze unter regelmäßigem Rühren circa 30 Minuten garen. Vom Herd nehmen und weitere 10 Minuten ziehen lassen.

Für das Mango-Chutney in einer Pfanne Knoblauch und Zwiebel in Öl circa 2 Minuten dünsten. Mango hinzufügen und 5 bis 10 Minuten weiterdünsten. Anschließend 100 ml Wasser, Chili, Essig, Kokosblütenzucker, Ingwer, Honig und Gewürze dazugeben und das Chutney weitere 20 Minuten bei kleiner Hitze leicht köcheln und dabei regelmäßig umrühren.

Für die Karotten aus Olivenöl, Ahornsirup und den Gewürzen eine Marinade zubereiten. Karotten marinieren und im Ofen 25 Minuten backen. Maisbrösel und Hefeflocken mischen, über die Karotten streuen, weitere 10 Minuten backen, dann gebackene Karotten warmhalten.

Für 4 Personen

400 g Tofu

6 bunte Karotten

Reiszubereitung

2 Tassen Naturreis

1 Dose Kokosnussmilch

1 TL Zimt

2 TL Garam Masala

1 TL Kreuzkümmel

Salz, Pfeffer

Marinade:

2 EL Honig

4 EL Sesamöl

4 EL Teryakisoße

3–4 EL Sojasoße

1 TL Knoblauchgewürz

1 TL Garam Masala

1 TL Cayennepfeffer

Gemüse:

2 rote Zwiebeln

2 Knoblauchzehen

1 große Stange Lauch

100 g grüne Bohnen

3–4 EL Kokosblütenzucker

1 EL süßes Curry-Gewürz

1 EL edelsüßes Paprikapulver

1 TL Cayennepfeffer

Zimt , Salz, Pfeffer

3-4 EL Agavendicksaft

1 EL Honig

Karotten-Panade:

3-4 EL Olivenöl

3-4 EL Ahornsirup

Salz, Pfeffer

2 TL Garam Masala

1 EL süßes Curry-Gewürz

1 TL Zimt

1 TL Kreuzkümmel

1–2 EL Maisbrösel

1–2 EL Hefeflocken

Mango-Chutney:

1 rote Zwiebeln

1 Knoblauchzehe

1 Mango

1 Chilischote

50 ml Weißwein-Essig

3 EL Kokosblütenzucker

1 haselnussgroßes
Stück Ingwer

2 EL Honig

1 TL Zimt

1 Nelke

1 TL Garam Masala

Salz, Pfeffer

In einer Pfanne für das Gemüse Knoblauch und Zwiebeln 1 bis 2 Minuten dünsten, Kokosblütenzucker hinzugeben und für 1 bis 2 Minuten karamellisieren. Mit Lauch, Bohnen und Gewürzen weitere 10 Minuten braten. Honig und Agavendicksaft hinzufügen, bei niedriger Hitze weitere 5 Minuten leicht schmoren und regelmäßig umrühren. Nach Belieben nachwürzen.

Die Panade zubereiten, den Tofu darin panieren und in einer weiteren Pfanne bei mittlerer Hitze in Öl goldbraun braten. Dann den Reis und die restliche Marinade zum Gemüse hinzugeben.

Den Reis schließlich in einer Bowl servieren, mit den knusprig gebackenen Karotten, der Gemüsemischung und dem Mango Chutney toppen.

Tipp: Gerne kannst du das Gemüse nach Belieben durch dein Lieblingsgemüse ergänzen oder Gemüse austauschen – hier sollte deine Fantasie keine Grenzen kennen! Und ganz gleich, ob du variierst oder dieses Original wählst: Es ist definitiv eine wahre Geschmacksexplosion!

Indische Pfannkuchen

»Where attention goes, your energy flows.«

Zwiebeln und Knoblauch schälen und fein hacken. Kartoffeln vierteln (große Kartoffeln achteln). Mango schälen und klein schneiden, Aubergine waschen und in kleine Stücke schneiden, Zucchini waschen, in 1 cm dicke Scheiben schneiden und diese vierteln.

Den Backofen auf 180 °C vorheizen.

Für das Mango-Chutney in einer Pfanne Knoblauch und Zwiebel in Öl circa 2 Minuten dünsten. Mango hinzufügen und 5 bis 10 Minuten weiterdünsten. Anschließend 100 ml Wasser, Chili, Essig, Kokosblütenzucker, Ingwer, Honig und Gewürze dazugeben und das Chutney weitere 20 Minuten bei kleiner Hitze leicht köcheln und dabei regelmäßig umrühren.

Kartoffeln mit allen weiteren Zutaten mischen und auf einem mit Backpapier ausgelegten Blech im Ofen etwa 25 Minuten goldbraun backen.

Brokkoli in Rösschen teilen und in Salzwasser 8 bis 10 Minuten bissfest garen, dann mit allen weiteren Zutaten vermengen und den Mansch unterrühren.

Für den Mansch in einer Pfanne Knoblauch und Zwiebel 1 bis 2 Minuten in Öl dünsten, dann mit der Aubergine 3 bis 4 weitere Minuten braten, Salz und Pfeffer hinzugeben. Auberginen ziehen viel Öl, daher reichlich Öl verwenden. Zucchini hinzugeben und nochmals 5 bis 8 Minuten braten.

Für 4 Personen

Mansch:

1 rote Zwiebel

1 Knoblauchzehe

1 Aubergine

1 Zucchini

3–4 EL Olivenöl

Salz, Pfeffer

Mango-Chutney:

1 rote Zwiebeln

1 Knoblauchzehe

1 Mango

1 Chilischote

50 ml Weißwein-Essig

3 EL Kokosblütenzucker

1 haselnussgroßes Stück Ingwer

2 EL Honig

1 TL Zimt

1 Nelke

1 TL Garam Masala

Salz, Pfeffer

Süße Curry-Kartoffeln:

500 g Kartoffeln

2 TL süßes Curry-Gewürz

1 TL Kurkuma

1 TL Cayennepfeffer

2 EL Agavendicksaft

2–3 EL Olivenöl

Salz, Pfeffer

Brokkoli:

1 Brokkoli

Salz

2 EL Tahini

2 EL veganer Quark

2 EL Olivenöl

1 EL Wasser

½ TL Chilipulver

½ TL Kreuzkümmel

Pfeffer

Pfannkuchen:

250 g glutenfreies Mehl

200 ml pflanzliche Milch

120 ml Mineralwasser

1 TL Apfelessig

1 TL Backpulver

½ TL Kreuzkümmel

1 TL Garam Masala

½ TL Senfkörner

Salz, Pfeffer

1 Stängel Koriander

Für die Pfannekuchen alle Zutaten bis auf den Koriander in eine Rührschüssel geben und zu einem cremigen Teig verarbeiten. Nun den gewaschenen und vom Stiel gezupften Koriander unterrühren

In einer weiteren Pfanne Öl erhitzen, jeweils eine kleine Kelle Teig für einen Pfannkuchen hineingeben und von jeder Seite goldbraun backen.

Fertige Pfannkuchen auf Teller geben, mit den Toppings belegen, servieren und genießen!

 **Tipp:** Das Gemüsetopping lässt sich natürlich nach Lust und Laune variieren. Ergänze einfach dein Lieblingsgemüse oder tausche Zutaten aus – verleih deiner Fantasie Flügel!

Indisches Kartoffel-Mangold-Curry

»Lebe so, als müsstest du sofort Abschied vom Leben nehmen,
als sei die Zeit, die dir geblieben ist, ein unerwartetes Geschenk.«
MARC AUREL

Für 2 Personen

1 Zwiebel

1 Knoblauchzehe

400 g frischer Mangold

1 Dose Kichererbsen (200 g)

250 g Kartoffeln

1 rote Chilischote

1 walnussgroßes Stück Ingwer

1 TL Garam Masala

½ TL Senfsamen

½ TL Kreuzkümmel

½ TL Kurkuma

3 Kardamomkapseln, zerstoßen

2 EL Kokosöl

200 g Mandeljoghurt

1 Stängel Petersilie

Zwiebeln und Knoblauch schälen und fein hacken, Mangold waschen und von den Stielen trennen, die Stiele in circa 3 cm lange Stücke schneiden, die Blätter grob zerkleinern. Kichererbsen unter fließendem Wasser abspülen. Kartoffeln waschen, schälen und in feine Scheiben schneiden.

Chili klein schneiden, Ingwer schälen und klein schneiden, Gewürze fein mahlen.

In einer Pfanne zunächst Knoblauch, Zwiebel, Chili, Ingwer und die Gewürze bei mittlerer Hitze mit Kokosöl kurz andünsten. Die gehackten Mangoldstiele, Kartoffeln und Kichererbsen hinzugeben, weitere 5 Minuten braten. Mit Wasser ablöschen und 15 Minuten bei mittlerer Hitze so lange garen, bis die Kartoffeln noch bissfest sind. 100 g Joghurt hinzugeben, 2 Minuten ziehen lassen.

Auf zwei Teller verteilen und mit restlichem Joghurt und Petersilie toppen.

Warmer Fenchel-Rote-Bete-Salat

»You got to nourish to flourish.«

Zwiebeln und Knoblauch schälen und fein hacken, Rote Bete schälen und in Spalten schneiden, Fenchel in feine Streifen schneiden, Orange schälen.

In einer Pfanne Zwiebel und Knoblauch in etwas Öl 1 bis 2 Minuten dünsten. Rote Beete dazugeben und 5 Minuten anbraten. Fenchel hinzufügen und bei mittlerer Hitze etwa 10 Minuten weiterbraten, dabei 5 bis 8 Minuten abgedeckt und die letzten 3 bis 5 Minuten ohne Deckel leicht braten, zwischendurch umrühren.

Dill fein hacken und mit allen weiteren Zutaten für das Dressing zusammengeben. Mit den Gewürzen abschmecken, geschnittene Orange hinzugeben und das Dressing unter das fertige Gemüse heben.

Feta in kleine Würfel schneiden. Salat mit Feta und mit Pekanuss-, Kürbis- und Sonnenblumenkernen garnieren.

Für 2 Personen

1 Zwiebel

1 Knoblauchzehe

4 große Knollen Rote Bete

4 mittelgroße Knollen Fenchel

1 Orange

1 Zweig frischer Thymian

1 Zweig frischer Rosmarin

frischer Dill

Öl

Rosa Pfeffer

Salz

1 veganer Feta

1 Handvoll Pekannusskerne

1 Handvoll Kürbiskerne

1 Handvoll Sonnenblumenkerne

Dressing:

frischer Dill

4 EL Olivenöl

2 EL Senf

2 EL Honig/Dattelsirup

Salz, Pfeffer

1 Zweig Thymian

Frischer Bohnensalat

»When things change inside you, things change around you.«

Für 2 Personen

250 g Brechbohnen

100 g Salatblätter

100 g Tomaten

½ Gurke

100 g Radieschen

1 rote Paprika

150 g veganer Feta

½ frische Chilischote

1 TL Oregano

1 Zweig frischer Thymian

1 TL Bohnenkraut

1 Stiel Petersilie

Salz, Pfeffer

1–2 Handvoll frische Kresse

Dressing:

½ Zitrone

2–3 EL Olivenöl

1 EL Tafelessig

1 EL Aceto balsamico

1 EL Agavendicksaft

Salz, Pfeffer

Optional:

Walnusskerne

Tomaten

Die Bohnen waschen, putzen und circa 5 Minuten blanchieren. Den Salat und das Gemüse waschen und klein schneiden, den Feta klein schneiden und alle Zutaten in einer Schüssel vermengen.

Für das Dressing die Zitrone auspressen und mit den restlichen Zutaten mischen. Anschließend das komplette Dressing mit dem Salat vermischen.

Optional mit Walnüssen und getrockneten Tomaten toppen.

Tipp: Dieser Salat eignet sich hervorragend als Beilage zu anderen Gerichten oder aber auch zum Beispiel an heißen Sommertagen als leichtes Hauptgericht für einen ultimativen und vitaminreichen Frische-Kick!

Frischer Quinoa-Salat

»The future depends on what you do today.«
MAHATMA GANDHI

Den Backofen auf 180 °C vorheizen.

Süßkartoffel, Gurke, Karotten und Tomaten waschen und klein schneiden, Feta klein schneiden.

Klein geschnittene Süßkartoffel in einer Schüssel mit Olivenöl, abgezupftem Thymian und Rosmarin vermengen und auf einem mit Backpapier ausgelegten Backblech circa 20 bis 25 Minuten backen.

In einer Pfanne Kerne ohne Öl circa 3 Minuten goldbraun rösten.

Quinoa waschen und im Verhältnis 1:2 in Gemüsebrühe 20 Minuten in einem Topf bei mittlerer Hitze köcheln, dabei regelmäßig umrühren. Je nach Belieben Süßkartoffeln und Quinoa abkühlen lassen oder warm servieren.

Zutaten für das Dressing in einer Schüssel verrühren. Kartoffeln, Quinoa und alle weiteren Gemüse sowie Feta hineingeben und vermischen. Mit Kernen, gezupftem Koriander und Cranberries garnieren. Voilà!

Für 2 Personen

1 große Süßkartoffel

½ Gurke

2 Karotten

100 g Tomaten

100 g veganer Feta

2 EL Olivenöl

1 Zweig frischer Thymian

1 Zweig frischer Rosmarin

1 Handvoll Sonnenblumenkerne

1 Handvoll Kürbiskerne

1 Handvoll Walnusskerne

200 g Quinoa

400 ml Gemüsebrühe

1 Stiel Koriander

1 Handvoll Cranberries

Ein Stängel frischer Koriander

Dressing:

1 Zitrone

1 TL Senf

2 EL Honig (oder Dattelsirup/Ahornsirup)

3 EL Olivenöl

1 EL Balsamico-Creme

1–2 EL Tafelessig

Salz, Pfeffer

Indisches Linsen-Daal

»The journey of a thousand miles begins with one step.«
LAOTSE

Für 4 Personen

2 Rote Bete

4 Karotten

1 Süßkartoffel

1 Zwiebel

3–4 Knoblauchzehen

200 g braune Linsen

500 ml Gemüsebrühe

2 Sternanis

2 Zimtstangen

1 TL Kardamom

2 TL Kurkuma

2 TL süßes Curry-Gewürz

1 TL Kreuzkümmel

1 TL Cayennepfeffer

1 TL Harissa-Gewürz

Optional:

Kerne

Nüsse

süßes Curry-Gewürz

1–2 EL Ahornsirup

Joghurt

frische Petersilie

Rote Beete und Karotten waschen, schälen und in Scheiben schneiden, Süßkartoffeln schälen und in kleine Würfel schneiden, Zwiebeln und Knoblauch schälen und fein hacken.

Linsen waschen und in einem Topf in Gemüsebrühe zusammen mit Sternanis und Zimtstangen nach Packungsanleitung kochen.

In einer Pfanne Zwiebel und Knoblauch dünsten, das Gemüse und die restlichen Gewürze hinzugeben und 5 bis 7 Minuten anbraten.

Gemüse zu den Linsen hinzufügen, nach Belieben nachwürzen und weitere 15 Minuten leicht köcheln, bis zur gewünschten Konsistenz. Einige Zeit ziehen lassen und vor dem Servieren Zimtstangen und Sternanis herausnehmen.

Optional die Nüsse und Kerne mit etwas süßem Currypulver und Ahornsirup 3 Minuten anrösten. Das Daal mit gerösteter Nussmischung, Joghurt und Petersilie garnieren.

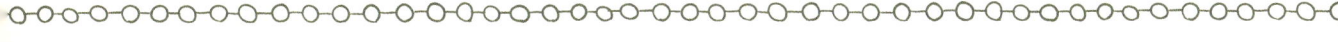

Kürbis-Risotto

»Don't be eye candy, be soul food.«

Den Backofen auf 180 °C vorheizen.

Den Kürbis waschen, schälen, in Spalten schneiden, auf einem Backblech circa 30 Minuten bissfest backen, dann in dünne Scheiben schneiden.

Schalotten und Knoblauch schälen, die eine Schalotte in Ringe schneiden, die andere und den Knoblauch fein hacken. Thymian und Rosmarin waschen und abzupfen.

Die gehackte Schalotte und den Knoblauch 1 bis 2 Minuten in einer Pfanne in Öl andünsten. Risotto-Reis hinzugeben, weitere 2 bis 3 Minuten anbraten, mit Wein ablöschen und circa 20 Minuten in der Gemüsebrühe und mit frischen Kräutern (Thymian, Rosmarin) köcheln.

Die Schalottenringe in einer weiteren Pfanne circa 2 Minuten in Kokosöl andünsten, Kürbisscheiben mit dem Kürbisgewürz hineingeben und weitere 7 bis 8 Minuten kräftig anbraten. Danach mit Sojasoße ablöschen, 3 EL Kokosblütenzucker hinzugeben und 2 bis 3 Minuten karamellisieren.

Optional in einer weiteren Pfanne Pinienkerne und Salbeiblätter 2 bis 3 Minuten ohne Öl rösten.

Reismilch, Reissahne, Hefeflocken, Kürbiskernöl und 3 EL Kokosblütenzucker zum Reis geben und 10 Minuten köcheln, bis der Reis perfekt cremig und leicht karamellisiert ist. Mit Kürbis, gerösteten Pinienkernen und knusprigen Salbeiblättern toppen, frischer Petersilie und etwas Kürbiskernöl garnieren und servieren.

Für 4 Personen

½ Kürbis
2 Schalotten
3 Knoblauchzehen
1 Zweig frischer Thymian
1 Zweig frischer Rosmarin
1 Packung Risotto-Reis
1 Glas Weißwein
1 l Gemüsebrühe
Kokosöl
3 EL Sojasoße
6 EL Kokosblütenzucker
4 Handvoll Pinienkerne
10 Blätter frischer Salbei
250 ml pflanzliche Milch
200 ml pflanzliche Sahne (z.B. Reissahne)
4 EL Hefeflocken
4–6 EL Kürbiskernöl
1 Stängel frische Petersilie

Für das Kürbisgewürz:
1 TL Garam Masala,
1 TL Zimt, 1 TL Kreuzkümmel

121

Dip-Variationen

»Wake up. Kick ass. Be kind. Repeat.«

2 EL Tahini

1 EL Tamari

1 EL Reisessig

1 EL Ahornsirup

1 EL geröstetes Sesamöl

TAHINI-SOSSE

Alle Zutaten in einer kleinen Schüssel zusammengeben und verrühren, bis eine cremige Masse entsteht.

Eignet sich ideal als Topping für eine Bowl oder einen Salat.

ARTISCHOCKEN-DIP

Die Zitrone auspressen, die frischen Kräuter von den Zweigen zupfen.

Alle Zutaten im Mixer zu einer cremigen Masse verrühren.

Tipp: Als Öl kann auch das Öl der eingelegten Artischocken genutzt werden.

½ Zitrone

1 Zweig frischer Thymian

1 Zweig frischer Rosmarin

1 Glas Artischocken (240 g), abgetropft

40 ml Sonnenblumenöl

Cannellini Bohnen (aus der Dose, 240 g Abtropfgewicht)

1 EL Hefeflocken

20 g Sonnenblumenkerne

Salz, Pfeffer

TZAZIKI-SOSSE

Gurke in kleine Stücke raspeln, mit Salz bestreuen und 10 Minuten ziehen lassen. Das Salz entzieht der Gurke das Wasser, sodass der Dip weniger wässrig, sondern cremiger wird.

Dill fein hacken, Zitrone auspressen, Knoblauch schälen und in einer Knoblauchpresse zerdrücken.

Alle Zutaten in einer Schüssel miteinander vermengen. 4 bis 6 Stunden oder über Nacht ziehen lassen.

½ Gurke,

Salz

1 Bund frischer Dill

½ Zitrone

5–6 Knoblauchzehen

500 g pflanzlicher Naturjoghurt

4 EL Olivenöl

1–2 EL Apfelessig

1 TL italienische Kräuter (Thymian, Oregano …)

Pfeffer

PESTO VERDE

Die Zitrone auspressen, Basilikum und Rucola waschen.
Alle Zutaten in einem Mixer zu einer cremigen Masse verrühren.

Tipp: Je mehr Flüssigkeit, umso cremiger das Pesto. So kann durch das Hinzugeben von etwas Wasser (und bei Belieben etwas mehr Öl) eine Pesto-Creme für z. B. Bowls oder Salate kreiert werden.

½ Zitrone

40 g Basilikum

40 g Rucola

40 g Cashewkerne

20 g Pinienkerne

4 EL Hefeflocken

50 ml Olivenöl

Salz, Pfeffer

Sweet
&
Easy

Schokoladiger Birnenkuchen

»Verlust ist nichts anderes als Verwandlung.«
MARC AUREL

Den Backofen auf 170 °C vorheizen.

Die Birnen waschen, halbieren und entkernen.

Schokolade im Wasserbad vorsichtig schmelzen.

Die geschmolzene Schokolade und die weiteren Zutaten für den Teig bis auf den Apfelessig vermengen, dann langsam den Apfelessig unterrühren und alles zu einem geschmeidigen Teig verarbeiten.

Den Teig in eine gefettete Springform (28 cm) geben, die Birnenhälften sanft oben auf den Teig drücken.

Den Kuchen circa 35 Minuten backen und anschließend komplett abkühlen lassen.

12 Portionen

3 Birnen

50 g vegane dunkle Schokolade

200 g glutenfreies Mehl

200 ml pflanzliche Milch

100 g Xylit

90 g Kokosöl

30 g Kakaopulver

1 EL Backpulver

1 EL Mandelextrakt

Mark einer Vanilleschote

1 EL Apfelessig

Healthy Double Chocolate Brownie

»Wenn ich loslasse, was ich bin, werde ich, was ich sein könnte.«
LAOTSE

6 Portionen

Brownie-Teig:

800 g Kidney-Bohnen (aus der Dose, je 500 g abgetropft)

50 g Kakao (zum Backen)

1 EL Backpulver

Mark einer Vanilleschote

50 g Xylit

50 ml Ahornsirup

1 EL Apfelessig

50 g Kokosöl, geschmolzen

1 kleine Banane

4 EL Leinsamen, geschrotet

4 Medjool-Datteln, entsteint

50 ml pflanzliche Milch

Salz

Glasur:

2 EL Ahornsirup

4 EL Kokosöl

130 g vegane dunkle Schokolade

Mark ½ Vanilleschote

Den Backofen auf 170 °C vorheizen.

Alle Zutaten für den Brownie-Teig nacheinander in eine Rührschüssel geben und mit einem Mixer zu einem geschmeidigen Teig verarbeiten.

Für die Glasur in einem Topf Ahornsirup, Kokosfett, Schokolade mischen, Vanille hinzugeben und bei mittlerer Hitze 1 bis 2 Minuten verrühren.

Eine quadratische Backform mit Kokosfett einfetten, den Teig hineingeben und 35 bis 40 Minuten backen, bis kein Teig mehr bei der Stäbchenprobe kleben bleibt. Nach erstem kurzen Abkühlen mit der Schokoladenglasur toppen.

Vor dem Verzehr eine halbe Stunde weiter auskühlen lassen.

Blaubeer-Muffins

»Es ist nicht wichtig, was du betrachtest, sondern was du siehst.«
HENRY DAVID THOREAU

Den Backofen auf 180 °C vorheizen.

Die Banane mit einer Gabel zerdrücken und die Masse gut verrühren. Apfel waschen, schälen und in kleine Stücke schneiden.

In eine Rührschüssel zunächst alle trockenen Zutaten hineingeben und mischen, danach die flüssigen Zutaten und ganz zum Schluss den Apfel und die Blaubeeren hinzufügen und alles zu einem Teig verarbeiten.

Die Muffinform ausfetten, den Teig hineinfüllen und circa 16 bis 20 Minuten backen.

Tipp: Wenn du möchtest, kannst du vor dem Backen etwas Kokoszucker und Nüsse über die Muffins streuen. Dadurch erhalten sie einen leicht karamellisierten Geschmack.

6 Portionen

1 Banane
1 Apfel
150 g Blaubeeren
Mark einer Vanilleschote
Salz
160 g glutenfreies Mehl
4 EL Kokosblütenzucker
1 TL Natron
100 g Apfelmus
(entspricht ca. 3 EL)
1 TL Essig
80 g Kokosöl

Chocolate Chip Cake

»Dunkelheit kann Dunkelheit nicht vertreiben. Nur Licht kann das.
Hass kann Hass nicht vertreiben. Nur Liebe kann das.«
MARTIN LUTHER KING

6 Portionen

140 g Zucker (z. B. 70 g Xylit
und 70 g Kokoszucker)

80 g Kokosöl (Zimmer-
temperatur)

Mark einer Vanilleschote

60 ml Milch

200 g glutenfreies Mehl

½ TL Natron

½ TL Backpulver

1 TL Apfelessig

120 g vegane dunkle
Schokoladenchips

Optional:
Vanillesorbet oder
pflanzlicher Vanillejoghurt
als Topping

Den Backofen auf 180 °C vorheizen.

Zucker und Kokosöl mischen, das Mark der Vanilleschote und die Milch hinzugeben. Das Mehl vorsichtig hineinsieben, Natron und Backpulver hinzugeben und alles zu einem geschmeidigen Teig verarbeiten. Anschließend Apfelessig langsam unterrühren und ganz zum Schluss die Schokoladenchips untermengen.

Den Teig in eine kleine Auflaufform geben (falls vorhanden, in eine Pfanne aus Gusseisen) und circa 16 bis 20 Minuten backen.

Den fertigen Cake leicht abkühlen lassen. Falls gewünscht, mit den vorgeschlagenen Toppings oder eigenen Lieblings-Varianten garnieren und am besten direkt warm genießen.

Hafer-Karamell-Bars

»Making peace with our past comes with the willingness to make the most of our present moment.«

Karamell: Die Kokosmilch in einem Topf erhitzen, die restlichen Zutaten langsam unterrühren und 4 bis 5 Minuten unter Rühren leicht aufkochen. Topf vom Herd nehmen, sobald die Masse andickt; abkühlen lassen.

Basis: Alle Zutaten bis auf die Datteln zu einem Teig verarbeiten und ebenmäßig in eine kleine eckige Form geben. Datteln längs aufschneiden, entsteinen und als zweite Schicht auf den Teig drücken.

Schokolade: Alle Zutaten bis auf die Kakaonibs im Wasserbad vorsichtig schmelzen.

Die Karamellmasse über die Dattelschicht geben, dann Schokolade darübergießen und nach Belieben mit Kakaonibs verzieren.

Masse circa 1 Stunde im Gefrierfach kalt stellen. Vor dem Servieren 5 Minuten antauen lassen und in quadratische Bars schneiden.

6 Portionen

Karamell:

100 g Kokosmilch (aus der Dose)

1 EL Erdnussbutter

60 g Kokosblütenzucker

Mark einer Vanilleschote

Salz

Basis:

150 g glutenfreie Haferflocken

4 EL Kokosnussöl

4 EL Ahornsirup

2 EL Kakaopulver

5 Medjool-Datteln

Schokolade:

20 g vegane dunkle Schokolade

1 EL Kakaopulver

30 g Kakaobutter

1 TL Kokosöl

1 EL Kakaonibs

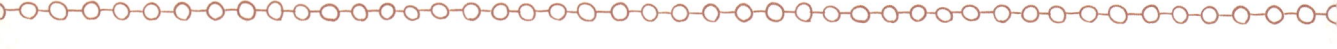

Himbeer-Blondies

»Es gibt auf der Welt kaum ein schöneres Übermaß als das der Dankbarkeit.«

JEAN DE LA BRUYÈRE

6 Portionen

200 g Himbeeren
(frisch oder gefroren)

1 Dose Kichererbsen
(265 g Abtropfgewicht)

150 g glutenfreie
Haferflocken

80 g Kokosblütenzucker

1 EL Backpulver

Mark einer Vanilleschote

Salz

100 ml pflanzliche Milch

80 g Mandelmus

Den Backofen auf 170 °C vorheizen.

Tiefgefrorene Himbeeren gegebenenfalls auftauen lassen, Kichererbsen gut abtropfen lassen. Haferflocken zu Mehl mahlen und zunächst alle trockenen Zutaten in einer Schüssel vermengen, dann alle weiteren Zutaten hinzugeben und zu einem cremigen, dickflüssigen Teig verarbeiten. Zuletzt die Himbeeren unterheben.

Masse in eine quadratische Backform (26 cm) geben und circa 35 bis 40 Minuten backen. Kurz auskühlen lassen und in quadratische Stücke schneiden.

Tipp: Eines meiner Lieblingsrezepte für eine süße, leichte und supergesunde Schlemmerei

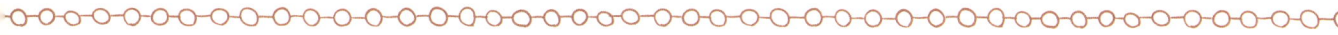

Schokokuchen

»Der Weg zum Glück besteht darin, sich um nichts zu sorgen, was sich unserem Einfluss entzieht.«
EPIKTET

Den Backofen auf 180 °C vorheizen.

Die Schokolade im Wasserbad schmelzen. Alle Zutaten bis auf Apfelessig und Salz in eine Rührschüssel geben und zu einem ebenmäßigen Teig verarbeiten. Zuletzt langsam den Apfelessig unterrühren und eine Prise Salz hinzugeben.

Den Teig in eine gefettete Kastenform füllen und 45 bis 50 Minuten backen, bis kein Teig bei der Stäbchenprobe kleben bleibt. Auskühlen lassen und genießen.

Der perfekte, klassische Schokoladenkuchen!

10 Portionen

80 g vegane dunkle Schokolade
(85 % Kakaoanteil)

250 g glutenfreies Mehl

65 g Kokosöl

65 ml Rapsöl

150 g Zucker (z. B. Xylit, Kokosblütenzucker)

100 ml Agavendicksaft

50 g Kakaopulver

1 EL Backpulver

1 EL Apfelessig

Salz

Tahini Cookie Dough Bars

»Stop acting so small. You are the universe in ecstatic motion.«

RUMI

10 Portionen

Basis:

100 g geschälte, gehackte Mandeln

3 EL Tahini

1 EL Kokosöl (flüssig)

1 Handvoll vegane Schokodrops

1 Handvoll Sultaninen

2 EL Ahornsirup

1 EL Kakaobutter-Drops

Mark einer Vanilleschote

Salz

Schokolade:

1 Handvoll Kakaobutter-Drops

1 EL weißes Mandelmus

1 EL Tahini

1–2 EL Kokosöl

2–3 EL Ahornsirup

30 g vegane dunkle Schokolade

2 EL Kakaopulver

Salz

Alle Zutaten für die Basis in einer Schüssel zu einem cremigen Teig verarbeiten. Den fertigen Teig gleichmäßig in einer kleinen eckigen Form (20 cm) verteilen.

Die Zutaten für die Schokoladenmischung unter ständigem Rühren kurz auf mittlerer Flamme erhitzen und anschließend über die Basis geben. Optional mit etwas Tahini verzieren, sodass die oberste Schicht marmoriert.

Die Form mit der Masse mindestens 30 Minuten in den Gefrierschrank stellen, 5 Minuten vor dem Servieren herausnehmen, antauen lassen und in Riegel schneiden. Im Gefrierschrank aufbewahren.

Tipp: Das perfekte Rezept für den kleinen süßen Hunger. Lässt sich problemlos einige Tage im Kühlschrank oder länger im Gefrierfach lagern und ist somit der perfekte gesunde Snack für eine Heißhungerattacke.

Veganer Käsekuchen

»Sei gut zu dir. Du bist ein Kind des Universums, nicht weniger
als die Bäume und Sterne. Du hast ein Recht darauf, hier zu sein.«
MAX EHRMANN

Die Zutaten für den Boden mit 50 ml kaltem Wasser zu einem
glatten Teig kneten, in Folie wickeln und 20 Minuten kalt stellen.

Den Backofen auf 180 °C vorheizen.

Alle Zutaten für die Käsekuchenfüllung mit dem Abrieb von zwei
Zitronen in eine Schüssel geben, den Saft einer ausgepressten
Zitrone ebenfalls hinzugeben und alles zu einem gleichmäßigen
Teig verarbeiten.

Eine Springform (28 cm) ausfetten, den Bodenteig ebenmäßig
darin andrücken, die Käsefüllung darauf verteilen und den Kuchen circa 50 bis 60 Minuten backen.

Komplett auskühlen lassen – am besten über Nacht – und dann
genießen!

 **Tipp:** Schmeckt pur, aber auch mit einer leckeren Soße,
z. B. Erdbeere, Karamell und vieles mehr.

12 Portionen

Boden:
250 g glutenfreies Mehl
40 g feine Kokosraspeln
100 g vegane Butter
1 TL Backpulver
1 TL Apfelessig
Mark einer Vanilleschote

Käsekuchenfüllung:
800 g Seidentofu
200 g Tofu
120 g Xylit
40 g Kokosblütenzucker
Salz
Mark einer Vanilleschote
100 ml Agavendicksaft
60 g Kokosöl
80 g Kartoffelmehl
1 Messerspitze
Guarkernmehl
2 unbehandelte Zitronen

Danke

Eines der wunderbaren Dinge an so einem Buch ist, dass ich die Gelegenheit bekomme, mich bei so vielen lieben Menschen in meinem Leben zu bedanken.

Beginnen möchte ich mit euch, meiner Social-Media-Community, für die Möglichkeit, uns austauschen, für euer stetiges Interesse und Feedback. Durch euch öffnen sich für mich so viele Türen, wie auch die Tür zu meinen Büchern. Dass ihr auch diese Reise in die gedruckte Welt :)) mit mir geht, ist einfach großartig. Zu wissen, dass wir uns über die unterschiedlichsten Wege dazu austauschen können, wie wir es schaffen können, uns in unserer Haut wohler zu fühlen, körperlich, aber vor allem auch mental, motiviert mich weiterzumachen und macht mich glücklich. Ein ganz großes DANKE an euch.

Ich bedanke mich bei meinen vielen Freunden, ganz besonders bei meinem Verlobten, denn sie haben sich die Zeit genommen, alle Rezepte für euch auszuprobieren. So haben wir schöne Tage und Abende zusammen erlebt. Während ich das Bekochen übernommen habe, hatten wir die Gelegenheit, uns gegenseitig zu motivieren und zu inspirieren, uns gegenseitig bei dem zu helfen, was wir voranbringen möchten.

Danke an meinen Manager Michi, der mich bei all meinen Ideen so großartig unterstützt und tolle Projekte wie dieses hier mit mir vorantreibt und umsetzt.

Danke an den ZS Verlag und das ganze Team von 31Media dafür, dass wir auch für mein zweites Buch zusammengearbeitet haben und eine neue Idee zu einem ganz konkreten Projekt geworden ist, welches nun hier vor euch liegt. Besonderer Dank geht hier an Stephan Strauß und Almuth Fischer (THF Marketing) für die Produktion und Gestaltung, ihr seid ein ganz wundervolles Team!

Ich hoffe, dass euch dieses Buch ganz viel Freude bereitet, euch auf eurem Weg zu euch selbst unterstützt, und vor allem hoffe ich, dass ihr mit den Rezepten genauso viele schöne und inspirierende Abende mit euren Freunden erlebt wie ich.

© 2021 ZS Verlag GmbH
Kaiserstraße 14 b
D–80801 München

ISBN 978-3-96584-104-8
1. Auflage 2021

Projektleitung & Produktion: 31Media GmbH, Stephan Strauß
Rezepte: Sofia Tsakiridou, Lisa Duhme
Texte: Sofia Tsakiridou & THF Marketing I Almuth Fischer
Redaktionelle Mitarbeit: Kathrin Mayr
Lektorat: Lisa Duhme
Grafisches Konzept, Layout, Satz: Bianca Domula, affaire populaire
Rezeptfotografie: Ben Fuchs; S. 94 StockFood/Ramanauskiene, Justina
Koch: Rico Schacht & Marvin Busch
Cover- & Moodbilder: Madame Jules & Arran Critchley
Herstellung: Frank Jansen
Producing: Jan Russok
Druck & Bindung: optimal media GmbH, Röbel

Im Buch enthaltene Fotos können zur eigenen Nutzung erworben werden
unter www.stockfood.com

ZS – Ein Verlag der Edel Verlagsgruppe
www.zsverlag.de | www.facebook.com/zsverlag

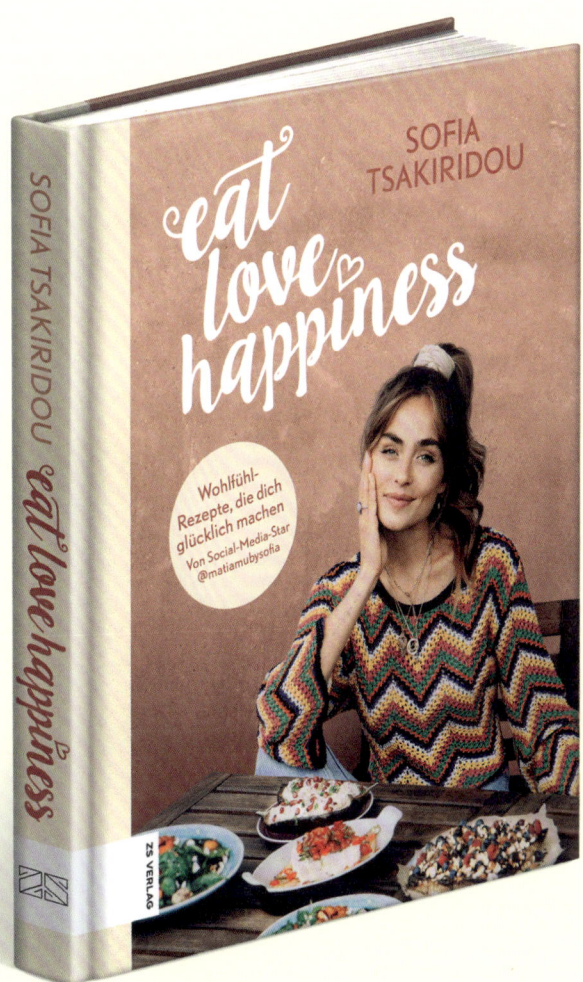